Le storie d'Italia nel curricolo verticale: dal paleolitico ad oggi

a cura di Ernesto Perillo

Indice

L'Italia e le sue storie a scuola   Pag. 7
di *Ernesto Perillo*

PARTE PRIMA
Le questioni generali

Storia d'Italia e identità italiana
di *Vincenzo Guanci*   » 17
Il patrimonio culturale e le storie d'Italia nel curricolo verticale
di *Mario Calidoni*   » 31
I rapporti interculturali nelle storie d'Italia: preistoria e mondo antico
di *Maria Teresa Rabitti*   » 51
Le storie d'Italia tra programmi e manuali scolastici
di *Ernesto Perillo*   » 81

PARTE SECONDA
Le storie d'Italia insegnate

Avviare alle storie d'Italia nella scuola dell'infanzia e primaria
di *Luciana Coltri*   » 109
Storie d'Italia nella scuola secondaria di I grado
di *Maria Catia Sampaolesi*   » 129

Popoli italici e impero romano: due esempi di processi di interazione nel passato dell'Italia
di *Germana Brioni* e *Maria Teresa Rabitti* » 141
Storie d'Italia nella scuola secondaria di II grado
di *Paola Lotti* » 155
Costruire il sistema delle conoscenze sulla storia d'Italia
di *Ivo Mattozzi* » 165

Gli autori » 193

L'Italia e le sue storie a scuola

di *Ernesto Perillo*

Le cose che si insegnano e si imparano a scuola sono stabilite dai programmi, dai libri di testo, dalle aspettative di docenti, famiglie e studenti. Vi contribuiscono (in misura più o meno significativa) anche la ricerca didattica dei docenti, delle università, degli enti e istituti che si occupano di innovazione in campo educativo.

La scuola però vive all'interno di un contesto. Ne fa parte e anzi rappresenta uno dei dispositivi fondamentali per la trasmissione alle nuove generazioni del patrimonio di conoscenze e saperi essenziali ma anche per la socializzazione alle regole e ai valori della società alla quale l'istituzione scolastica appartiene.

In particolare, l'agenda politica e il calendario civile molto spesso dettano/propongono le priorità anche alla scuola che viene chiamata di volta in volta a dare il proprio contributo e a coinvolgere le nuove generazioni sui temi della memoria pubblica.

Il centocinquantesimo anniversario dell'unità nazionale è stata certamente una di queste occasioni[1]. Raccogliendo la sfida l'Associazione Clio '92 ha promosso una prima possibilità di ricerca e riflessione nel 2010 durante il XVI Corso della scuola di formazione di Arcevia (AN), dedicato a *Le storie d'Italia nel curricolo verticale (dal paleolitico al presente)*.

---

[1] Tra queste si colloca il progetto "La scuola e il 150° anniversario dell'Unità d'Italia" che ha previsto la realizzazione sotto la direzione di Ernesto Galli della Loggia del portale internet *www.150anni.it* sul Risorgimento italiano tra il Congresso di Vienna (1815) e la presa di Roma (1870).

Perché una sfida e quali le questioni da affrontare?

Oltre al superamento di una lettura retorica e celebrativa del passato nazionale, si è trattato di approfondire come nella scuola sia (o meno) affrontata la storia d'Italia, quali gli insegnamenti che gli studenti nei diversi segmenti del curricolo scolastico ricevono su questo tema, in quale modo essi contribuiscano a formare un sistema di conoscenze in grado di oltrepassare il periodo del secolo e mezzo dello stato nazionale unitario per comprendere i tempi lunghi del passato della penisola e le molteplici vicende che lo hanno caratterizzato, quale sia l'intreccio tra la scala nazionale e gli altri ambiti (mondiale europeo, e locale).

Nel documento di presentazione del corso[2] vengono indicate le ragioni dell'iniziativa, delineando in sintesi presupposti e obiettivi di un possibile percorso sulle storie d'Italia.

1. Dalla storia alle storie d'Italia

L'Italia attuale (territorio e società) è l'esito della pluralità delle storie (sequenze di processi di mutamento) che sui 301 mila Kmq si sono svolte dai primi insediamenti umani ad oggi. Per convenzione storiografica si intitolano "storia d'Italia" tutte le opere di storia generale che trattano del passato delle comunità umane e delle entità amministrative che hanno vissuto e operato sul territorio attuale della Repubblica Italiana. Ci sono collane che si chiamano Storia d'Italia Mondadori, UTET, Einaudi ecc. Quella della UTET è originale perché per l'età moderna si compone di opere dedicate a ciascuno degli stati o principati in cui era divisa l'Italia.

Perché preferire il plurale?

---

[2] Vedi il sito dell'Associazione Clio'92 al seguente indirizzo
http://www.clio92.it/index.php?area=1&menu=62&page=550.
I paragrafi numerati sono ripresi con alcune modifiche dal documento citato.

Perché nell'insegnamento la conoscenza del passato dell'Italia si dovrebbe costruire con la pluralità delle storie delle civiltà paleolitiche e italiche, con la pluralità delle storie regionali e locali, con la pluralità delle interpretazioni.

2. Le storie d'Italia hanno prodotto il patrimonio culturale

L'Italia è il paese dei siti e dei musei archeologici che contengono le tracce della presenza di gruppi umani paleolitici e neolitici e della civiltà romana e medievale. L'Italia è il paese dei centri urbani storici di impianto medievale e rinascimentale e ottonovecentesco. L'Italia è il paese delle chiese e dei conventi e di castelli e di palazzi di molte corti principesche. L'Italia è il paese dei paesaggi costruiti durante secoli e rimodellati man mano fino alla fine del '900. L'Italia è il paese dei tanti archivi di stato e locali e delle tante biblioteche che conservano edizioni rare. L'Italia è il paese dei teatri e della produzione di tante forme musicali. Tutti i beni culturali sono le tracce della presenza e delle attività svolte dalle comunità che si sono avvicendate nei diversi territori italiani.

Storie d'Italia e beni culturali (e patrimonio culturale) sono un'endiadi: la conoscenza delle storie dovrebbe portare alla conoscenza dei beni culturali; la conoscenza dei beni culturali dovrebbe portare a pensare le storie d'Italia. Nell'insegnamento, conoscenza delle storie e conoscenza del patrimonio culturale dovrebbero procedere mano nella mano.

3. La concezione di patrimonio culturale cambia l'atteggiamento verso la storia

I vari beni culturali presenti sul territorio italiano rendono conto della stratificazione e dell'intreccio di storie. Oggi rivendichiamo come patrimonio culturale comune non semplicemente le tracce territoriali, ma le storie che le hanno prodotte: perciò una storia costruita e raccontata un tempo come opposizioni ed esclusioni, oggi può essere percepita come intreccio di storie e come l'assunzione valoriale dei beni culturali che esse ci hanno trasmesso, includendoli nella stessa storia.

Rivendichiamo come parte della nostra storia i beni culturali prodotti dai Longobardi, dai Bizantini, dagli Arabi, dalle tante famiglie principesche (Montefeltro, Malatesta, Medici, Gonzaga, Este, Savoia ecc.), dalle Repubbliche, dallo Stato pontificio, dalle dinastie straniere, dalle donne e dagli uomini delle classi lavoratrici e dalle minoranze nazionali, malgrado che i processi consecutivi abbiano fatto finire le storie particolari. Oggi abbiamo la possibilità di conoscere a mente fredda, analitica, critica aspetti e processi che hanno riguardato molteplici soggetti la cui storia si è svolta in opposizione alla idea di unità nazionale e che pur tuttavia appartengono al nostro passato.

4. Quali conoscenze delle storie d'Italia?

Per più di un secolo nelle scuole si è insegnato che l'Italia ha avuto un passato glorioso con Roma e il suo impero, un passato vergognoso per la invasione di popoli "barbari", un passato glorioso con la civiltà comunale, un passato vergognoso con la divisione in una pluralità di stati e principati e con la dominazione straniera, la resurrezione gloriosa con il processo "risorgimentale". Secondo tale impostazione, la conoscenza essenziale per un buon suddito del Regno era quella riguardante i protagonisti e i fatti del Risorgimento, magari mitizzati.

A 150 anni dall'Unità è cambiato tutto il contesto e quelle storie non sono più credibili. Noi non abbiamo più bisogno di miti per aderire all'unità d'Italia. Essa è un dato da 150 anni e viene messa in discussione da chi crea miti e invenzioni del passato contrapposti a quelli risorgimentali. Oggi abbiamo bisogno di conoscenze ben fondate e adeguate a nutrire il pensiero storico e critico. Nella storiografia tutte le età del passato dell'Italia sono state meglio indagate e se ne sono proposte rappresentazioni più comprensive: le storie dei popoli italici sono meglio conosciute e ci fanno conoscere aspetti e processi delle singole regioni storiche; la conoscenza della civiltà romana non è ridotta alla grandezza di Roma e alla costruzione del suo dominio imperiale ma rende conto della complessità e articolazione multiculturale dell'impero; la fine dell'impero romano occidentale non è più solo un'età di disgregazione ma anche un'età tardo antica di produzione di forme di vita religiosa, sociale e politica e di processi il cui esito ha condizionato il futuro delle comunità; longobardi e bizantini e attività monastiche hanno plasmato territori. E poi arabi e normanni hanno segnato con la loro presenza una parte dell'Italia. Oltre la civiltà comunale, le civiltà delle monarchie e delle repubbliche e dei principati sono rappresentate come costruttrici delle storie che hanno condotto all'Italia attuale. E non è più tempo di valutazioni a senso unico per i domini dei re asburgici in Italia. Le interpretazioni diverse del processo di unificazione nazionale fanno parte della cultura storiografica.

5. Come insegnare le storie d'Italia?

Si tratta, dunque, di ragionare su come sia possibile insegnare le storie d'Italia in modo da
- renderle significative per la comprensione del mondo attuale;
- metterle in rapporto con le conoscenze a scala europea e quelle a scala mondiale, sia mediante gli intrecci sia mediante le comparazioni;
- sfruttare al massimo il rapporto con i beni culturali allo scopo di educare al patrimonio culturale;

- montarle in un curricolo continuativo e verticale che costruisca la cultura storica del cittadino italiano ed europeo;
- renderle efficaci per la formazione delle competenze di cittadinanza.

6. Le storie d'Itala per l'educazione alla cittadinanza attiva

Per esercitare le attività richieste dalla cittadinanza occorre conoscere e comprendere l'Italia attuale come prodotto di processi storici e il territorio italiano come contesto plasmato da tali processi e ricco di tracce di essi.

Conoscenza e comprensione servono per valutare le azioni che riguardano la gestione dei territori e dei beni culturali, per partecipare alla discussione politica, per prendere decisioni, per fare gli amministratori ...

La conoscenza della dimensione storica della società nella quale ciascun cittadino si trova a vivere e operare diventa perciò il presupposto inevitabile per poter comprendere e valutare il presente nella sua dimensione processuale, come prodotto di sedimentazioni, stratificazioni ed eredità molteplici che ne hanno determinato l'attuale configurazione, anche al fine di un migliore orientamento circa le scelte future. E ciò a maggior ragione vale per il caso italiano nel quale i "debiti" e le contaminazioni delle storie d'Italia con culture e civiltà differenti, le specificità locali, l'intreccio tra unità e diversità ne delineano un profilo del tutto originale e specifico all'interno dello stesso contesto europeo.

Ha rafforzato le nostre persuasioni, la possibilità di intrecciare i ragionamenti e le attività laboratoriali sulle storie d'Italia con le riflessioni e i workshop che sono originati dalla realizzazione del progetto *Scelte coraggiose, gesti concreti, parole credibili. Percorsi di educazione alla memoria, alla partecipazione responsabile, alla testimonianza coerente, ad un consapevole sguardo al futuro* con il quale l'IC di Arcevia in rete con gli IC di Serra San Quirico e di Sassoferrato ha partecipato e vinto il concorso indetto dal MIUR in merito a Cittadinanza e Costituzione nell'a.s. 2009-2010.

Gli insegnanti delle diverse scuole della rete hanno progettato ed elaborato una gran quantità di unità formative e la splendida documentazione presentata nel corso della Scuola Estiva è stata collocata sul sito dell'Ansas-Indire.

Ripensare il canone

Insegnare le storie d'Italia a scuola presuppone dunque un ripensamento radicale del canone tradizionale e dei modelli anche storiografici che lo hanno legittimato e sorretto per molto tempo.

È necessario elaborare una differente rappresentazione del passato italiano, imparando a tessere una nuova trama che sappia dare conto della descrizione degli stati di cose in epoche e momenti diversi, dei grandi processi di trasformazione che hanno modificato quelle situazioni, dei temi e problemi decisivi che ne hanno segnato la storia.

Nel preambolo al suo saggio sull'unificazione italiana M. Isenghi[3] a proposito di miti, tradizioni, retoriche afferma

«Criterio generale: un "mito" è "vero" se funziona; e a poco vale rifiutarsi alla "retorica", se essa si dimostra in grado di muovere energie collettive e di produrre comportamenti. In questa luce, leggiamo e scriviamo di "Italia", Unità d'Italia, di "nazione", o di Mazzini, delle Cinque Giornate, dei Mille, dell'intero repertorio di luoghi del Risorgimento. Con una immedesimazione a occhi aperti. Se è così, non possiamo poi scandalizzarci se qualcuno, invece di riferirsi all'"invenzione" dell'Italia, preferisce negli ultimi venti o trent'anni "inventare" qualcosa di abbastanza

---

[3] M. Isenghi, "I passati risorgono. Memorie irriconciliate dell'unificazione italiana", in A. Del Boca (a cura di), *La storia negata. Il revisionismo e il suo uso politico*, Neri Pozza, Vicenza, 2009, p. 41. Sui guasti storiografici che il mito della nazione produce è molto istruttivo il libro di S. Citron, *Le mythe national. L'histoire de France en question*, Les éditions ouvrières, Paris, 1989.

indefinito che chiama la *Padania*. Proprio perché *classi*, *nazioni*, *appartenenze*, *identità* sono "miti", cioè processi mentali d'ordine collettivo: e fioriscono o ristagnano, si evolvono o involvono, con il sentire della gente: non necessariamente "di tutti", ma di quanti basta per tirarsi dietro gli altri: Gramsci parlava di *egemonia*». (corsivo nel testo)

E più avanti: «La storiografia vorrebbe essere una cosa diversa: ricercare quello che è accaduto, cioè la storia».

La storia, dunque. Ma cosa è accaduto in Italia? Qual è appunto il passato della penisola? Quali e quante le storie che l'hanno attraversata? Quali gli intrecci interculturali, con i relativi debiti, prestiti, meticciamenti e scontri? Quali le tracce che le molteplici storie hanno lasciato e in che modo concettualizzarle come patrimonio culturale? Come, a partire da tutto ciò, insegnare le storie d'Italia percorrendo i diversi momenti del curricolo, in modo da far guadagnare agli studenti una visione sistematica e coerente delle singole conoscenze del passato nazionale, al fine anche di una più efficace educazione alla cittadinanza attiva che sappia tesaurizzare la comprensione del passato per l'oggi e per le sfide future?

I contributi del volume si misurano con questi interrogativi, con lo scopo di mettere a disposizione del docente indicazioni e strumenti per ri-pensare e quindi insegnare diversamente le storie d'Italia. Un impegno di ricerca che, complice anche il centocinquantesimo anniversario dell'unità nazionale, ci auguriamo la scuola sia in grado di assumere con intelligenza, passione e innovazione.

PARTE PRIMA
Le questioni generali

Storia d'Italia e identità italiana

di *Vincenzo Guanci*

1. Alla ricerca dell'identità sprecata?

Nell'ultimo ventennio l'azione di forze politiche, sociali ed economiche ha spostato il baricentro dell'attenzione mediatica e della riflessione socio-politica dalla questione meridionale, al centro dell'azione dei governi nazionali fin dalla nascita dello Stato unitario, alla *questione settentrionale*. Nel 1992 cessò ogni attività la Cassa per il Mezzogiorno, fondata nei primissimi anni cinquanta, che nel bene e nel male aveva comunque, magari solo simbolicamente, rappresentato una certa attenzione da parte del governo centrale verso il meridione d'Italia, il cui sviluppo veniva segnalato come interesse nazionale. Cinque anni prima era stato eletto senatore Umberto Bossi, fondatore di quella Lega Lombarda che meno di dieci anni dopo diventerà un movimento politico per l'indipendenza di una non meglio definita *"Padania"* e per la secessione delle regioni settentrionali dalla Repubblica italiana.

L'azione di tale movimento, che nel corso di questo ventennio ha occupato e occupa ancora[1] importanti posizioni di governo, induce oggi molti a chiedersi, a centocinquant'anni dall'unità d'Italia, se esiste un'identità italiana, contestata com'è da movimenti autonomisti di varie parti che vedono nella Lega di Bossi un punto di riferimento esemplare per affermare le proprie identità regionali.

---

[1] Stiamo scrivendo nell'aprile 2011.

Che la questione sia oggetto di discussioni, riflessioni e dibattiti se ne ha una facile prova digitando "identità italiana" su *Google*: si ottengono 5.170.000 "risultati" (al 15.4. 2011), dai quali, anche dopo un'analisi sommaria, si ricava che un'identità italiana indubbiamente esiste ed è radicata negli italiani, anche se, come ha scritto Stefano Pivato, forse si tratta ormai di un'identità sprecata[2].

L'italianità appare in tutta evidenza se la si va a cercare tra gli italiani che non vivono in Italia. Su *You Tube* girano ancora moltissimi video[3] dedicati espressamente a loro, i quali, nonostante la frequente retorica, ci ricordano le tradizionali, unanimente riconosciute, caratteristiche dell'identità italiana, dalla pizza agli spaghetti, al caffè, a Totò ecc.

Del resto, nel 2008, se è vero che alle elezioni politiche la Lega di Bossi ebbe 3 milioni di voti pari all'8,3% dei votanti, da un sondaggio dello stesso anno risulta che "il 52% degli italiani definiva l'unità nazionale un "bene irrinunciabile" e il 76 % considerava la patria un valore attuale nel quale identificarsi. Inoltre, la patria era identificata come una delle basi dell'identità italiana dal 24% degli italiani, mentre il 37% poneva alla base della propria identità la Costituzione, il 25% la lingua italiana e solo il 14% la Chiesa cattolica"[4]. E in un sondaggio effettuato alla fine del 2009 la maggioranza si dichiarava orgogliosa di essere italiana.

Tuttavia, fa notare E. Gentile che

«(...) qualche dubbio sul florido stato di salute alla vigilia dell'ultimo giubileo dell'Italia unita, serpeggia tra gli osservatori più attenti. Un dubbio, per esempio, sorge dalla constatazione che nel corso del primo decennio del Terzo millennio, la percentuale di italiani orgogliosi di essere italiani è scesa dal 65 al 51 per cento (...) Un altro e più grave dubbio proviene dalla riflessione sulle virtù e i vizi che gli italiani nei sondaggi

---

[2] http://www.treccani.it/scuola/dossier/2011/150anni_storia/pivato.html
[3] Per esempio:
http://www.youtube.com/watch?v=bw6GY2QD6wQ&feature=related
[4] E. Gentile, *Né stato né nazione. Italiani senza meta*, Laterza, Roma-Bari, 2010, p. 26.

del 2008 e del 2009 hanno attribuito a se stessi (...) Nella scala delle qualità, al primo posto figura l'arte di arrangiarsi, accompagnata dalla capacità di farla franca, mentre nella scala dei difetti appare in cima lo scarso senso civico, seguito dal menefreghismo, dall'individualismo e dalla poca voglia di lavorare»[5].

Solo un terzo degli italiani mostra di avere fiducia nello Stato, quello Stato nato nel 1861; e, già cinque anni dopo, Massimo D'Azeglio scriveva che per fare un'Italia moderna, «*ben ordinata, ben amministrata, forte così contro lo straniero come contro i settari dell'interno, libera e di propria ragione*» gli italiani avrebbero dovuto cambiare, non rimanere quelli di prima, quando l'Italia non c'era. La prima necessità, secondo il marchese, era quella di formare «*Italiani che sappiano adempiere al loro dovere*», e per «*fare il proprio dovere, il più delle volte fastidioso, volgare, ignorato, ci vuol forza di volontà e persuasione che il dovere si deve adempiere non perché diverte o frutta, ma perché è dovere*»[6].

2. Stato, nazione, identità

La questione dell'identità nazionale si è intricata negli ultimi due secoli con la nascita cruenta e dolorosa degli stati nazionali e il crollo degli imperi multinazionali; con le tragiche guerre nazionali di dimensione mondiale dell'ultimo secolo; con l'impetuosità del fenomeno della globalizzazione accompagnato dal rinascere di fermenti particolaristici.

La "crisi" dello stato-nazione, di cui i *media* si occupano spesso e volentieri, appare oggi, dopo la fine della guerra fredda, piena di contraddizioni, specialmente in Europa, dove la nascita dell'Unione Europea con l'abbattimento delle frontiere e la libera circolazione di merci e persone, il suo successivo allargamento a

---
[5] Ibidem, p. 27.
[6] Citato in ibid., p. 31.

ben ventisette paesi, la nascita della moneta unica e il trattato costituzionale, aveva fatto presagire il superamento, non solo in Europa, degli stati nazionali verso la formazione di un'entità sovrastatuale e sopranazionale che sembrava meglio assicurare pace e prosperità.

Ma le cose non sembra stiano procedendo davvero in questa direzione. Vero è che esiste da più di mezzo secolo una rappresentanza istituzionale indicativa dell'intero pianeta, l'Organizzazione delle Nazioni Unite, a cui aderiscono i 192 stati-nazione del mondo, ma la tendenza di ciascuno è quella di affermare, estendere e accrescere sempre più la propria influenza, la propria ricchezza, il proprio potere a scapito degli altri; la politica inter-nazionale consiste sempre più nel far valere i propri "interessi nazionali" piuttosto che quelli dell'umanità, dimenticando, se è il caso, anche la Dichiarazione Universale dei Diritti Umani, che è il fondamento stesso dell'O.N.U.; il fatto è che comunque la si giri, i popoli del mondo sono attualmente frammentati in, e governati da, stati-nazione, perfino quando il governo assume la forma della dittatura di una sola persona o di un solo partito o gruppo di potere, secondo un'ottica principalmente, se non esclusivamente, nazionale.

La sovrapposizione tra stato e nazione ha la conseguenza di fare della questione dell'identità nazionale appunto una "questione di stato", tra le priorità dell'azione politica governativa. Un aspetto di tale politica tocca direttamente l'insegnamento della storia, considerato naturalmente come un importante strumento nella costruzione dell'identità nazionale. Infatti tutte le ricerche effettuate sull'argomento dimostrano come «*non esista stato al mondo che non si preoccupi di indirizzare l'insegnamento della storia e di esercitare una qualche forma di controllo sui testi attraverso i quali esso viene impartito*»[7].

---

[7] G. Procacci, *La memoria controversa. Revisionismi, nazionalismi e fondamentalismi nei manuali di storia*, AM&D, Cagliari, 2003, p. 11. Il concetto viene ribadito e vieppiù argomentato nell'edizione riveduta e aggiornata, tra l'altro, con un'appendice sull'*invenzione della Padania*, per i tipi di Carocci ed., Roma, 2005.

In questo scritto intendiamo, al contrario, cercare i tratti di un'identità italiana in una storia non nazionalista e quindi fuori dalla tradizione dei manuali di storia scolastica. Il nostro atteggiamento sarà perciò quello di Ruggiero Romano, che nelle sue opere parte dal principio che è

«(...) inutile tracciare una storia d'Italia che [voglia] essere un storia della "nazione italiana" (...). Io credo poco nella nazione e credo molto, invece, nel paese. La nazione è un'idea e un'idea giovane (poco più di due secoli). Il paese, invece è un fatto antico. Ritorniamo dunque al nostro grande paese che è l'Italia»[8].

3. Il paese Italia

Oggi, se pur non si parla più esplicitamente di secessione delle regioni settentrionali, ci si batte e si legifera per un assetto costituzionale del paese di tipo federale, senza che nessuno spieghi e faccia capire chiaramente in che senso e come questo avvenga senza mettere in discussione né intaccare minimamente l'unità politica, sociale, economica e culturale del paese.

È necessario, adesso più che mai,

«(...) ricordare che alle nostre spalle abbiamo trenta secoli di una storia che ci è comune per il bene e per il male, e sia pur tra vicende che hanno a volte separato gli italiani anche per periodi lunghi. Vuol dire che mangiare e bere, bestemmiare e sentire magico, un certo gusto estetico o il piacere della vita in piazza e tanti elementi ancora costituiscono un patrimonio comune alle genti del paese Italia, e sia pure in modo variegato»[9].

Romano indica come caratteri dell'identità italiana alcune strutture di lunga durata: il culto dei santi, per esempio, pare essere una forma di religiosità tipicamente italiana; come, peraltro, le forme

---

[8] R. Romano, *Paese Italia. Venti secoli di identità*, Donzelli ed., Roma, 1994, p. VII-VIII.
[9] Ibidem, p. XVII.

della bestemmia, che paiono concentrarsi sulla Sacra Famiglia e sul nome di Dio; o alcuni giochi delle carte, scopone e tressette, per esempio, che presentano grosse uniformità pur nelle varietà regionali della grafica delle carte da gioco. Ma il carattere più fortemente strutturale del paese Italia è senza dubbio l'alimentazione, basata com'è noto sulla pasta, sull'olio e sul vino. È pur vero che le differenze regionali sono tante e di evidenza macroscopica, ma sarà pur per qualche motivo se nel mondo, fino a qualche anno fa, quando qualcuno voleva insultare gli italiani emigrati, li chiamava "macaronì" o "maccaroni", anche se essi mangiavano gnocchi e ravioli, polenta e pane, oltre a tante altre cose! Del resto, il libro di Pellegrino Artusi, *La scienza in cucina e l'arte di mangiar bene*, con il suo milione di copie presenti in altrettante famiglie dal 1891 (data della prima edizione) ad oggi, ha fatto per l'unificazione italiana almeno tanto quanto altri libri per questo famosi, come *I Promessi Sposi* di Manzoni, o il *Pinocchio* di Collodi e il *Cuore* di De Amicis. È stato scritto che Artusi fu

> «(...) *profeta, senza saperlo, del livellamento borghese della tavola, fu indubbiamente un precursore, anzi un pioniere, in parte responsabile dell'attuale livellamento degli italiani, dell'uniforme (e talvolta monotono) amalgama alimentare che ha imbrattato di salsa di pomodoro e di spaghetti tutta la penisola, per cui ci si riconosce italiani in un piatto che tutti apprezzano e gradiscono, come se l'identità nazionale venisse riconosciuta dai segni culinari, attraverso il simbolismo delle forme delle pastasciutte e dei colori delle salse»*[10].

Assieme all'alimentazione il secolo e mezzo di unità statuale ha dato agli italiani una medesima lingua. I seicentomila che secondo la stima di Tullio de Mauro parlavano italiano nel 1860, sono diventati pressoché la totalità degli abitanti della penisola, grazie innanzitutto alla scuola elementare obbligatoria dell'Italia liberale e

---

[10] P. Camporesi, *Introduzione* a P. Artusi, *La scienza in cucina e l'arte di mangiar bene*, Einaudi, Torino, 1970, p. XIV.

alla scolarizzazione di massa dell'epoca repubblicana, e infine all'azione diffusiva ai nostri giorni dei mass-media e di internet.

4. Due volte nella storia

Secondo il Braudel della *"longue durée"*, nella storia dei popoli si costruiscono "modelli" di civiltà, che comprendono aspetti culturali, economici, politici, di vita quotidiana, di mentalità. Questi modelli possono avere durate più o meno lunghe e scale spaziali più o meno ampie[11]. Secondo Romano un paese può offrire nel corso della sua storia uno o più modelli, anche parziali, economici o politici o culturali; ma ciò che costituisce alla lunga un fattore identitario è certamente la costruzione di un modello di civiltà completo, non parziale. Per dirlo ancora con Romano: «*il contenuto di questi modelli va dall'organizzazione politica a quella economica. Dalla cultura (nel senso alto della parola) allo stile di vita (abbigliamento, acconciature), dalla lingua alla religione, al teatro, alla musica...*»[12].

Per due volte, a distanza di quasi un millennio, l'Italia è stata protagonista assoluta nella storia dell'occidente offrendo un autentico modello di civiltà. Una prima volta fu al tempo della formazione dell'impero romano tra il I secolo a.C. e il I secolo d. C.; la seconda, fra il XII e il XVI secolo, con l'affermazione del mercantilismo comunale e poi del Rinascimento.

«Il ripetersi a tanta distanza –scrive Aldo Schiavone– di un simile primato è senza confronti. Non servono grandi conoscenze per entrare in contatto, ancor oggi, con i segni di questa replica straordinaria. Basta uno sguardo su Roma dal Pincio, per ritrovare, integrati all'interno dello stesso spazio visivo, le curve del Colosseo e quelle della cupola di San

---

[11] F. Braudel, "La grammatica delle civiltà", in *Il mondo attuale*, Einaudi, Torino, 1966.
[12] R. Romano, *Paese Italia...* cit., p. 35.

Pietro; oppure, attraversando il centro della città, passare, in pochi attimi e quasi senza soluzione, dalle rovine dei mercati traianei alla scena michelangiolesca del Campidoglio, e poi giù, piegando appena a sinistra, verso il Pantheon, o verso Palazzo Farnese. Non c'è niente di uguale, in alcun posto della terra»[13].

Roma unificò il mondo del Mediterraneo e ne mise al centro l'Italia facendone una costruzione politicamente unita ma non certamente nel senso di una nazione italica. Si trattò, a ben vedere, di una "romanizzazione" della penisola, le cui popolazioni furono "conquistate" anche se poi ebbero uno status di cittadini al pari dei romani. Insomma, se è vero che al tempo di Roma, l'Italia era unita, è vero anche che Roma aveva uno sguardo verso l'universalità, non certamente verso l'italianità, che pure nei secoli si formò attraverso un *melting pot* degli elementi etruschi, sabini, latini, greci, sanniti, umbri, liguri, tenuti assieme dall'egemonia culturale e politica di Roma imperiale. Un'identità italiana non si formò in quel periodo, non almeno consapevolmente. Possiamo pensare certamente ad un vincolo che teneva assieme i popoli italici, e questo vincolo era rappresentato da Roma, dalla sua potenza, dalla sua cultura, dal suo modello di vita. È quello che Romano definisce il modello di civiltà romano-imperiale.

Per esempio, fu proprio in quei secoli che si formò l'Italia della città e dei cittadini, essendo questo il modello romano, o meglio, greco-romano; infatti dall'incontro delle città della Magna Grecia con le città della colonizzazione romana della pianura padana nacque «*l'immagine dell'Italia turrita, del paese dalle cento città, destinata a diventare un modello iconografico di lunghissima durata*»[14]. E va ricordato che la città antica più che luogo di produzione di beni, essendo la ricchezza allora soprattutto prodotta in campagna, era un luogo di scambi, di organizzazione militare, di vita sociale e politica.

---

[13] A. Schiavone, *Italiani senza Italia. Storia e identità*, Einaudi, Torino, 1998, p. 60.
[14] Ibidem, p. 64.

5. Il modello mercantil-comunale

«*Tra Duecento e Cinquecento, è dall'Italia che si irradiano moduli pittorici e letterari, strumenti d'azione economica, idee di organizzazione politica, fogge del vestire e dell'acconciarsi e, in taluni momenti, perfino la lingua*»[15].

I Comuni italiani costruiscono un modello di civiltà ineguagliabile per l'epoca.

«*Quando Dante scriveva la Commedia, agli inizi del quattordicesimo secolo, Firenze produceva centomila pannilana all'anno, acquistando la materia prima direttamente dall'Inghilterra, dalla Spagna, dall'Africa settentrionale, mentre i suoi mercanti, inondati di liquidità, si trasformavano in banchieri che prestavano denaro ai principi di mezza Europa (...) nel 1339 l'esposizione dell'Inghilterra verso le banche della Penisola, soprattutto fiorentine, toccò l'astronomica cifra di 1.365.000 fiorini. Due anni dopo, Petrarca sarebbe stato incoronato in Campidoglio, mentre Boccaccio era appena tornato a Firenze, da Napoli, dove aveva fatto pratica mercantile presso la sede locale dei Bardi. Era l'Italia alle soglie del Rinascimento*»[16].

E, riferendosi alla fine del XV secolo, ancora Guicciardini scriveva:

«*Non aveva giammai sentito Italia tanta prosperità, né provato stato tanto desiderabile (...) Perché, ridotta tutta in somma pace e tranquillità, cultivata non meno ne' luoghi più montuosi e più sterili che nelle pianure e regioni sue più fertili, (...) non solo era abbondantissima d'abitatori di mercatanzie e di ricchezze; ma illustrata sommamente dalla magnificentia di molti Principi, dallo splendor di molte nobilissime e bellissime città, dalla sedia e maestà della religione, fioriva di uomini prestantissimi nell'amministrazione delle cose pubbliche e d'ingegni molto nobili in tutte le dottrine e in qualunque arte preclara e industriosa*»[17].

---

[15] R. Romano, *Paese Italia...* cit., p. 37.
[16] A. Schiavone, *Italiani senza Italia...* cit., pp. 70-71.
[17] Cit. in ibidem, p. 71.

Piuttosto che cercare i fattori che hanno permesso l'affermazione in così larga scala nel tempo e nello spazio europeo del modello mercantil-comunale italiano, ci pare più interessante ai nostri fini soffermarci sui caratteri profondi dell'identità italiana che con tutta probabilità sono carsicamente rimasti presenti pur nei secoli della "storia spezzata"[18], dalla caduta di Roma imperiale al risorgere della civiltà delle città nel XII secolo. Secondo Schiavone ci furono due strutture della mentalità che rappresentano fin dall'antichità permanenze forti negli italiani. Una riguarda l'introiezione della *civis*, della città come luogo della socialità, come luogo nel quale si intrecciano legami di ceto, di parentela, di scambio, di cooperazione produttiva. E questo spiega, e si spiega, con la presenza e la diffusione della piazza italiana, erede del foro romano e dell'*agorà* ellenica. L'altra viene individuata in una rimembranza dell'Italia come soggetto unitario che sarebbe sempre rimasta, magari come ideale poetico o sogno quasi protoromantico, pur confinato nel mondo dell'alta cultura, tra artisti e intellettuali.

Come che sia, nel XV secolo la penisola era il luogo straordinario descritto dal Guicciardini. La supremazia economica italiana nell'Occidente era legata certamente al talento mercantile di genovesi, veneziani, fiorentini e napoletani, ma non solo; le attività produttive manifatturiere nel tessile e nelle costruzioni navali hanno fatto pensare ad una società proto-capitalistica che inventava professioni e mestieri nuovi, protesa verso innovazioni tecnologiche e un'articolazione sociale senza precedenti.

«Esisteva ormai un complesso sistema peninsulare, dove si intrecciava il senso maturo di una comune identità (...) accanto a differenze marcate, e soprattutto congiunto al consolidarsi di un irresistibile pluralismo, fissato da peculiarità storiche non meno che dalla diversità dei quadri geografici»[19].

---

[18] A. Schiavone, *La storia spezzata. Roma antica e Occidente moderno*, Laterza, Roma-Bari, 2002.
[19] Aldo Schiavone, *Italiani senza identità...* cit., p. 74.

Questo sistema che portò ricchezza economica e sviluppo socio-culturale straordinari non ebbe uno sbocco unitario di tipo statuale. Al contrario, secondo Schiavone, «*la frammentazione del "sistema Italia" giocò a favore della crescita, incrementando diversificazioni, specializzazioni, maggiori flessibilità, ricerche ostinate di nuovi mercati*»[20].

6. Il declino

Ma, ad un certo punto tutto questo finì; già dalla metà del XVI secolo iniziò un lungo declino. Nessuna città, né Venezia né Firenze né Roma o Milano, fu in grado di ridurre ad un'unica entità statuale la penisola, come aveva fatto Roma nel I sec. a. C., e come stavano facendo allora per loro conto le grandi monarchie europee.

Il baricentro della politica e dell'economia del mondo occidentale si spostava verso il Nord Europa: l'Olanda, l'Inghilterra, la Francia. I piccoli stati non erano in grado di tenere il passo, dovendo fronteggiare una concorrenza superiore per dimensioni produttive e di mercato, e che poteva contare sul supporto della potenza militare e politica di grandi stati.

Alla metà del Seicento il paese Italia non era più un modello per l'Europa. «*Il presente era in mani altrui; da noi non c'era più nulla da imparare. Una parola pesante come una condanna si sarebbe presto cominciata a usare con sempre maggiore frequenza per descriverci: arretratezza...*»[21].

Ricchezza, civiltà e potenza, pur presenti tutte nell'Italia del modello mercantil-comunale non furono mai associate in un progetto unitario, magari non necessariamente di tipo statuale, ma comunque in grado di tenere assieme in un'unica trama tendenze municipalistiche e regionali, trasformandole da frammenti isolati in

---

[20] Ibidem, p.75.
[21] A. Schiavone, *Italiani senza identità*... cit., p. 76.

forze centripete. L'Italia non fu fatta. Nel momento di massimo splendore del modello italiano

> «(...) la percezione di una condivisa appartenenza italiana non riuscì a spostarsi dal terreno delle idee, della cultura, degli esperimenti linguistici, della religione, delle tradizioni, (...) a quello degli interessi e dei bisogni di strati più vasti: ceti mercantili e imprenditoriali, corporazioni cittadine, aristocrazie urbane e burocrazie delle corti»[22].

7. Orgoglio identitario?

Le fasi storiche durante le quali sono nati gli Stati-nazione europei sono state caratterizzate dal concorso da un lato dei ceti economico-sociali nazionali e dall'altro delle forze politiche tese a costruire il nuovo stato, in un tempo di prosperità dal triplice punto di vista della ricchezza, della civiltà, della potenza.

In Italia questo non è accaduto. La formazione dello stato-nazione è avvenuta bensì per una grande partecipazione popolare, appassionata fino alla morte, e una congiuntura politica favorevole, ma anche in un tempo nel quale le individualità civiche e regionali sopravvivevano nella forma di «*frantumazione del tessuto economico, arretratezza sociale, polverizzazione linguistica, provincialismo culturale*»[23].

E oggi, dopo un secolo e mezzo di stato unitario, ci chiediamo: qual è lo stato di salute della nazione e dell'identità italiana?

Pochi, tra le polemiche delle cronache giornalistiche dei giorni e dei mesi precedenti, credevano in un successo delle celebrazioni dell'anniversario dei 150 anni dell'unità d'Italia, «*e invece* –come aveva profetizzato Emilio Gentile– *avvenne il miracolo*»[24]. Oltre un milione di persone seguì la diretta TV della cerimonia con il

---

[22] Ibidem, p. 79.
[23] Ibidem, p. 91.
[24] E Gentile, *Né stato né nazione...* cit., p.101.

Capo dello Stato al Teatro Regio di Torino il 19 marzo[25], e addirittura due giorni prima, il compleanno d'Italia fu festeggiato da una gran parte delle finestre d'Italia sorprendentemente imbandierate con il tricolore.

Insomma, più si osservano e si studiano, più gli italiani si sorprendono.

Da un lato, non si può non convenire con Schiavone che dai lunghi secoli di "arretratezza" fa derivare la formazione di tratti identitari fondati su una filosofia della sopravvivenza: il primato in ogni giudizio dell'intenzione sulla responsabilità, propensione alla continuità piuttosto che al cambiamento, percezione ambivalente del potere, cui conviene adattarsi ma cercando di osservare leggi e regole guardando soprattutto ai propri interessi[26]. In definitiva, la mancanza di uno Stato forte e sicuro, sentito come proprio e non "straniero", non ha certo aiutato a costruire diffusamente una cultura della legalità e, appunto, un "senso dello Stato" nei cittadini e nelle classi dirigenti.

Da un altro, non si possono dimenticare i ripetuti "scatti d'orgoglio" con i quali nelle più diverse circostanze italiani di ogni ceto e condizione si sono ribellati rivendicando la loro umanità e la loro dignità, in nome della loro storia e della loro tradizione.

Basterebbe una veloce lettura delle lettere dei condannati a morte della Resistenza[27]. Ma, invece, ci piace concludere ricordando dell'identità italiana l'enorme patrimonio culturale del paese, e lo facciamo attraverso la citazione di un dialogo tratto dal film *Good morning Babilonia* dei fratelli Paolo e Vittorio Taviani, del 1987. Nel film, ai due fratelli Bonanno, emigranti toscani, esperti restauratori e scultori, che nel 1910 vanno a Hollywood a chiedere di lavorare alla scenografia del film *Intolerance* di E.Griffith,

---

[25] Tutte le notizie delle celebrazioni su http://www.italia150.it/
[26] A. Schiavone, *Italiani senza identità...* cit., p.84.
[27] Reperibili sul sito dell'Istituto per la Storia del Movimento di Liberazione in Italia al link http://www.italia-liberazione.it/ultimelettere/

l'aiuto-regista risponde che: «*No, gli italiani li conosco bene; bugiardi, bravi a parole, furbetti e scansafatiche, pancia al sole e mani sulla pancia*».

Allora uno dei due fratelli, mostrando le mani dell'altro, replica con forza: «*Queste mani hanno restaurato le cattedrali di Pisa, Lucca, Firenze*» e l'altro aggiunge, quasi gridando: «*Di chi sei figlio tu? Noialtri siamo i figli dei figli dei figli di Michelangelo e di Leonardo! Di chi sei figlio tu?*»[28]

---

[28] La scena è reperibile al momento (aprile 2011) sul web al link http://www.youtube.com/watch?v=4ISEw_yf8-o

Il patrimonio culturale e le storie d'Italia nel curricolo verticale

di *Mario Calidoni*

> «*Città e campagne sono fiumi di storia che scorrono e vi dovremmo distinguere le varie civiltà (...) una fattoria antica di cui ieri scorgevamo i reperti tra le zolle, oggi non lascia traccia (...) Se qualcosa gli italiani sanno della lingua e della bellezza, ignorano la grammatica e la sintassi delle città, delle periferie, dei villaggi, delle campagne, cioè la lingua dei paesaggi (...)*
> *Senza una campagna di racconti di insediamenti e di terre, senza musei delle città e dei loro agri, senza trasmissioni televisive che narrino i luoghi facendoci scoprire come eravamo, senza mostrare la storia, gli italiani rimarranno analfabeti della grande totalità del reale, dell'identità stratificata della loro patria (...) Perché la capacità di viaggiare per testi e forme, scendendo e risalendo nel tempo, è l'essenza della cultura*».
> A. Carandini[1]

Premessa

Le suggestive osservazioni dell'archeologo si inseriscono in un immaginario del Patrimonio italiano vissuto con alcune ambiguità di fondo che incidono direttamente sull'insegnamento e sul curricolo a scuola.

---

[1] Intervento al convegno FAI *"Linguaggi d'Italia, prime riflessioni sull'anniversario dell'Unità d'Italia"*, Ascoli Piceno, 27 Febbraio 2010.

Si ritiene che il Patrimonio è tanto presente in ogni angolo del "Museo Italia", è sull'uscio di casa, che non si può non considerarlo, è ritenuto presente nel sapere sociale diffuso; assurge a valore mitico. C'è, ma è lontano dalle "*opere e i giorni*" e viene spesso rimosso o vive nella sua mitica aura dei grandi italiani come Michelangelo, Leonardo etc. senza essere sentito nella sua dimensione del quotidiano.

Questa capillare diffusione fa osservare a S. Settis che «*in Italia più che altrove, coscienza del Patrimonio culturale vuol dire conoscenza della storia e senso della cittadinanza*»[2]. Sono proprio queste due dimensioni (storia e cittadinanza) che fanno del patrimonio culturale un terreno rigoglioso per l'educazione ben oltre approcci puramente estetizzanti o esclusivisti che, nella storia della scuola, è facile rintracciare nel discplinarismo rivolto solo all'arte, alla letteratura e al linguaggio oppure alla marginalizzazione di quel vastissimo patrimonio che va sotto la denominazione di beni demoetnoantropologici, ambientali etc.

Oggi questa cultura delle cose visibili di cui si deve capire il senso incontra almeno due ostacoli contrapposti. Da un lato la virtualità e il nomadismo del pensiero comune contemporaneo dei nostri ragazzi che impone modelli di pensiero e contenuti tipici della globalizzazione e del qui ed ora senza storia né futuro; dall'altro un esasperato localismo portato avanti da una idea di scuola dell'appartenenza, che pare essere più nostalgia che rielaborazione culturale, più desiderio di differenziazione che di comprensione critica.

La crisi del sapere scolastico continua inoltre a mantenere la scuola legata all'idea che ogni ambito disciplinare abbia i suoi contenuti e, per l'Italia, il Patrimonio sia appannaggio quasi esclusivo dell'area artistica che ha una vita a sé rispetto agli altri insegnamenti ai quali si collega solo per contiguità cronologica.

---

[2] S. Settis, *Italia S.p.a.* Einaudi, Torino, 2002, pag. 59.

C'è bisogno di raccontare con occhi nuovi e con atteggiamenti innovativi questo Museo diffuso delle storie d'Italia. È illusorio pensare di poterlo fare elencando siti, musei, aree archeologiche, chiese, palazzi, castelli... musei storici, musei antropologici e tutte le altre tipologie che possono essere censite come possibile supporto per lo studio dell'arte, della storia, della geografia etc. Si ricadrebbe nel frammentarismo e si tradirebbe il senso vero del Patrimonio che sta non tanto nel singolo bene quanto nella relazione all'interno del sistema dei beni architettonici, naturalistici etc. e dei sistemi tra di loro. C'è bisogno di riannodare racconti, tempo, spazio, interpretazioni diverse del processo di unificazione nazionale in una rete di relazioni per capire l'unità del reale frutto della stratificazione di civiltà e della loro relazione nell'Italia unita da 150 anni.

Un codice della Divina Commedia e una raccolta di ex voto, l'interno di una galera veneziana, il cannocchiale di Galileo, le immagini di una zolfara siciliana, l'interno di un salotto milanese dell'età dell'Illuminismo, un carretto di un acquaiolo napoletano, la ricostruzione della resistenza sul Piave dopo Caporetto; il volto dell'emigrazione oltreoceano per milioni di nostri connazionali, il lavoro in filanda, l'interno del primo studio radiofonico dell'Eiar esposto insieme a una "piazza d'Italia" di De Chirico o alla pianta di un municipium romano, modello di infiniti centri urbani della Penisola...

Questo è il provocatorio elenco per la costruzione di un ipotetico Museo Italia che l'archeologo Carandini e il giornalista Galli della Loggia hanno proposto (Corriere della Sera del 21 febbraio 2011). Lo abbiamo citato perché è una sorta di lista nella quale si intersecano storie, a torto reputate solo settoriali, e i beni materiali e immateriali sono i segni del patrimonio culturale e naturale.

Il Patrimonio in "cartella"

Ecco l'interrogativo per la scuola. In che modo una concezione aperta e innovativa di Patrimonio culturale può incidere sull'insegnamento della storia d' Italia? Può cioè entrare nella cartella, lo zaino e domani l'e-book dell'alunno?

Ivo Mattozzi ha puntualizzato nella presentazione del corso di Arcevia 2010 *Le storie d'Italia nel curricolo verticale*

> «*che è necessario uscire dall'assolutizzazione dei miti fondatori e dalla storia come opposizione perché l'unità dell'Italia attuale è frutto di storie plurali che depositano nell'oggi il loro apporto. (...) Rivendichiamo come patrimonio culturale non semplicemente le tracce territoriali, ma le storie che le hanno prodotte, perciò una storia costruita e raccontata come opposizioni ed esclusioni oggi può essere percepita come intreccio di storie e come l'assunzione valoriale dei beni culturali che esse ci hanno trasmesso. (...) Sono parte della nostra storia i beni culturali prodotti dai Longobardi, dai Bizantini, dalle famiglie principesche...dagli, uomini e dalle donne delle classi lavoratrici e dalle minoranze nazionali (...)*».

Non dobbiamo infine dimenticare che gli alunni di oggi rappresentano le prime generazioni che affrontano la storia d'Italia oltre i nazionalismi e le ideologie che hanno caratterizzato il secolo scorso e lo fanno in un contesto europeo e mondiale.

Pensare all'Italia secondo la categoria della varietà e della complessità del suo Patrimonio culturale e naturale rappresenta un modello di pensiero che incide fortemente sui contenuti, le forme e il curricolo dell'insegnamento storico nel suo complesso. Le suggestioni che seguono offrono alcuni spunti per una traduzione didattica di questa prospettiva partendo da tre interrogativi.

1. I vari beni culturali rendono conto dell'intreccio di storie quando sono all'interno di una **concezione "democratica" di patrimonio e di patrimonio diffuso** che non considera solo le tracce territoriali in senso filologico –i grandi monumenti– ma i processi che li hanno prodotti e che continuano nell'oggi, nelle

storie settoriali della cultura, del lavoro, dell'insediamento sul territorio etc.
2. Si può a scuola ri-organizzare il curricolo della storia d'Italia in questa prospettiva?
3. Una **storia locale e una storia per luoghi** a partire dal Patrimonio unisce la microstoria, la storia del quotidiano alla grande storia quando mette in rapporto le conoscenze su scale spaziali e temporali diverse –la storia delle grandi periodizzazioni e i luoghi vissuti–. Le tesi che Clio '92 ha elaborato "Per la conoscenza della storia locale nella scuola" (1995) sottolineano il ruolo di Musei, Archivi, siti archeologici etc. come naturali luoghi di riferimento della storia locale anche per la loro peculiarità "didattica" di intrecciare la conservazione del Patrimonio con la ricerca.
4. Il Patrimonio del territorio, ma anche quello virtuale che i nostri ragazzi sentono sempre più presente nel loro ambiente di vita quotidiana, è funzionale allo **sviluppo del curricolo verticale nella struttura che Clio '92 propone** per la scuola dell'infanzia e il ciclo primario e secondario –dalla storia personale, ai quadri di civiltà, ai processi di trasformazione– nell'ambito di un curricolo storico delle operazioni cognitive.

«Pensare un curricolo centrato sulla formazione delle capacità di compiere operazioni cognitive vuol dire pensare di usare i percorsi di insegnamento e di apprendimento allo scopo di formare le competenze relative alla tematizzazione dei fatti storici, all'articolazione tematica e alla gerarchia tematica delle informazioni, alla temporalizzazione, alla organizzazione spaziale, alla classificazione delle informazioni secondo che attengano a mutamenti o a permanenze o a eventi, alla problematizzazione e spiegazione, alle inferenze, alla costruzione di generalizzazioni, di concettualizzazioni, di valutazioni controllate. La costruzione di concetti e la costruzione di conoscenze dei sistemi progettati su filoni tematici hanno bisogno di operazioni cognitive»[3].

---

[3]Tesi sulla didattica della storia, 4. c, Clio '92, 1999.

Per raccontare l'Italia con il Patrimonio diffuso

«*L'Italia è forse il paese dove la storia ha più profondamente plasmato il paesaggio*», con queste parole il geografo Umberto Bonapace apriva la serie di volumi della collana *"Capire l'Italia"* che il TCI dedicò, tra il 1977 e il 1981, ai seguenti grandi temi: **i paesaggi umani, le città, i segni del lavoro, i musei, il patrimonio storico artistico.**

Per me giovane insegnante, mi scuso per questo riferimento autobiografico, fu la consapevolezza che il Patrimonio culturale diffuso nelle sue varie forme poteva diventare un oggetto didattico con il quale insegnare geo-storia.

Nel 1983 per la scuola il TCI pubblicò ipotesi di itinerari didattici basati sui principi di lettura pluridisciplinare dell'ambiente con l'uso integrato di più strumenti: la carta del territorio, le carte storiche dello stesso, i quaderni tematici e gli itinerari nella scia di una rivisitazione dell'ambientalismo e della didattica ad esso collegata che vuole integrare segni della memoria, situazioni attuali e interazioni tra fenomeni antropici e naturali in una visione antropologica della realtà ambientale frutto di processi plurisecolari nei quali la dimensione storica è essenziale.

Prendiamo ad esempio le Abbazie e gli insediamenti rurali che hanno modellato il paesaggio rurale della pianura attorno a Milano. Da Chiaravalle milanese a Viboldone a Morimondo etc. si incontra la storia dell'assetto del territorio che l'ordine benedettino ha contribuito a creare così come si incontra il discorso simbolico della luce che l'architettura cistercense ha diffuso nell'Europa medievale. Conoscere queste testimonianze e la loro storia si collega alla evoluzione della costruzione delle case contadine nelle loro forme sino alla fase della meccanizzazione; all'evoluzione del paesaggio agrario studiato nel classico *"Storia del paesaggio agrario italiano"* da E. Sereni nella evoluzione dalla protostoria alla prima metà del '900. Si impara la lettura del paesaggio rurale, il rapporto tra la casa e l'ambiente, si percepisce la continuità della storia e la struttura sociale che il lavoro contadino crea nei vari momenti storici.

Si pensi, ad esempio, alla romanizzazione dell'Italia –in particolare Italia settentrionale– con la centuriazione e le grandi vie consolari per capire i grandi cambiamenti e le permanenze delle forme del territorio in rapporto alle vicende delle storie italiane.

L'Italia può essere raccontata attraverso il suo Patrimonio prima di tutto perché il senso e il significato del termine Patrimonio culturale è continuamente in evoluzione.

Oggi siamo ad un punto di arrivo e di ripartenza dopo l'emanazione del Codice dei beni culturali e del paesaggio (2004) e la Convenzione europea del paesaggio (ratificata a Firenze nel 2000, entrata in vigore in Italia nel 2006) con i temi connessi alla legislazione della regione che, in chiave federalista, assume nuovi compiti e funzioni.

In realtà l'Italia letta attraverso i suoi beni culturali e naturali ha radici lontane, utili anche oggi. È possibile risalire alle narrazioni dei grandi viaggiatori del Gran Tour se non ancora prima ai testi di racconto di pellegrinaggio e di viaggio. La scuola però è sempre stata estranea a questo tipo di approccio che è parzialmente mutato solo a partire dagli anni '80, a partire dai Nuovi Programmi della scuola elementare (1985), con una lettura e un approccio adeguato ai nuovi apporti delle discipline storiche e geografiche.

La costruzione di un percorso didattico impostato sui presupposti culturali della lettura del Patrimonio diffuso induce altresì a collegare l'esplorazione del territorio con i Musei (quali e perché rispetto alle Abbazie e al lavoro contadino nelle varie epoche) come al patrimonio storico artistico che si è depositato nei luoghi. La forza del Patrimonio sta nel dare un sapere complesso e reticolare che unisce racconto, spazio, tempo, relazioni.

Già Giuliano Procacci nella sua *"Storia degli italiani"* individuava nella continuità della storia italiana un elemento forte di unità

«(...) si tratta di renderci conto di come quella italiana è una terra in cui tutto, dalla forma dei campi alla qualità e preparazione dei cibi, dai modi delle culture al tracciato delle strade, dalla raffinatezza cerebrale dei dotti alla dotta ignoranza dei semplici, contribuisce a dare a coloro che ci vivono sopra il senso di una continuità ininterrotta e perseverante di lavoro e di fatica (...) inoltre l'Italia ha contribuito alla formazione e allo sviluppo della moderna civiltà europea, essa è in definitiva un pezzo di storia d'Europa»[4].

A partire da "Rio Bo" e la storia per luoghie

Chi non ha nei propri ricordi di scuola la poesia di Aldo Palazzeschi "Rio Bo":

«*Tre casettine*
dai tetti aguzzi,
un verde praticello,
un esiguo ruscello: rio Bo,
un vigile cipresso.
Microscopico paese, è vero,
paese da nulla, ma però...
c'è sempre disopra una stella,
una grande, magnifica stella,
che a un dipresso...
occhieggia con la punta del cipresso
di rio Bo.
Una stella innamorata?
Chi sa
se nemmeno ce l'ha
una grande città».

Oppure il celebratissimo "L'infinito" di Giacomo Leopardi:

«*Sempre caro mi fu quest'ermo colle,*
E questa siepe, che da tanta parte
De l'ultimo orizzonte il guardo esclude.
Ma sedendo e mirando, interminato
Spazio di là da quella, e sovrumani
Silenzi, e profondissima quiete

---

[4] G. Procacci, *Storia degli italiani*, Laterza, Bari, 1968, p. XXX.

Io nel pensier mi fingo, ove per poco
Il cor non si spaura. E come il vento
Odo stormir tra queste piante, io quello
Infinito silenzio a questa voce
Vo comparando: e mi sovvien l'eterno,
E le morte stagioni, e la presente
E viva, e 'l suon di lei. Così tra questa
Infinità s'annega il pensier mio:
E 'l naufragar m'è dolce in questo mare».

È il linguaggio poetico che ci lega ad un luogo e da quel luogo ci proietta a spazi lontanissimi. Così è per il Patrimonio quando è sentito come proprio e vissuto, sull'uscio di casa. Uno degli aspetti fondamentali della nuova idea di patrimonio è infatti il suo valore antropologico come luogo di senso (M. Augè definisce il luogo come connotato dai valori storici, identitari e relazionali) che ha anche un valore nella costruzione di significato della realtà. Esattamente ciò che oggi si rischia irrimediabilmente di perdere di fronte al fenomeno di *"spaesamento"* che i sociologi sottolineano per la contemporaneità. Di fronte alle identità culturali espresse dai luoghi è profondamente cambiato il contesto culturale di ricezione del messaggio per cui anche la massima vicinanza induce alla massima estraneità. La storia dei luoghi narrata attraverso il Patrimonio diviene allora uno strumento che fa conoscere ma soprattutto rimette in relazione il luogo con le persone, ricrea il senso collettivo di comunità.

Nel dibattito storiografico alla storia locale è riconosciuto il merito di saper intersecare le varie appartenenze del fruitore (cittadino di spazi sempre mutevoli, lavoratore, uomo di fede etc.) e di collocare gli eventi nel paesaggio, nello spazio costruito e visibile, nella territorialità dello spazio vissuto e immaginato.

Quale idea ha oggi l'alunno del luogo Italia dove si collocano gli eventi storici? Come sistematizzare nel percorso scolastico –3 anni nella scuola primaria e 3 anni nella sec. di 1 grado– il succedersi dei quadri di civiltà dal paleolitico al '900?

I complessi patrimoniali delle varie epoche ma soprattutto i beni che nell'ambiente di vita dell'alunno rimandano ai complessi specifici –ad esempio un vaso greco nel locale museo archeologico rinvia ai luoghi della Magna Grecia– , sono dati utili per la costruzione del sistema di conoscenze storiche nei diversi periodi studiati e nei principali processi di trasformazione.

Si può studiare il Medioevo italiano con i luoghi e gli spazi locali cioè con il grande Patrimonio delle cose ancora visibili per capire come dalle grandi migrazioni dei popoli dell'alto medioevo si è passati alla civiltà rurale e cittadina comunale come fenomeno tipico dell'Italia settentrionale mentre si intravedevano le monarchie meridionali, la teocrazia pontificia e le piccole corti padane? La risposta è sicuramente positiva con una avvertenza, a non appiattirsi troppo sulla monumentalità e/o la musealizzazione.

«La storia –dice J. Le Goff– si svolge sempre entro lo spazio. La civiltà medievale è espressa in uno spazio geografico europeo dall'Islanda alla Sicilia, dai paesi dell'est all'Atlantico e in luoghi diversi, ricchi di significati al tempo stesso concreti e simbolici.... evocando anche gli spazi più limitati del mondo medievale, che sono spazi particolari di civiltà: la città, la campagna, il chiostro, la chiesa,...la Parma medievale che con i suoi monumenti nutre da secoli l'immaginario dei parmigiani, dei turisti è luogo delle immagini, teatri d'immagine dove si coniuga il dramma dell'uomo di fronte a Dio sulla terra e in cielo, e il destino di Parma, immagine della città terrestre alla ricerca di trasformarsi in immagine della città celeste»[5].

Il curricolo delle operazioni cognitive in classe

Abbiamo sin qui cercato di dimostrare come:
- una ri-organizzazione dei contenuti d'insegnamento in chiave patrimoniale;
- una attenzione forte alle fonti della storia locale;

---

[5] Lezione magistrale in occasione del conferimento della laurea *honoris causa* in Lettere da parte dell'Università degli Studi di Parma, 19.10.2000.

siano presupposti per impostare il curricolo della storia d'Italia in continuità verticale dalla scuola dell'infanzia alla scuola secondaria di 1 grado.

Questi approcci si collocano dentro la quotidianità della progettazione a scuola e influiscono sul lavoro d'aula e sulle pratiche scolastiche con la progettazione dei percorsi didattici finalizzata all'acquisizione di competenze (traguardi per lo sviluppo delle competenza delle Indicazioni Nazionali 2007) nel quadro delle competenze chiave per l'educazione per tutta la vita indicate dall'Europa (competenze chiave per l'apprendimento permanente della Raccomandazione del Parlamento europeo e del Consiglio – 2006/962/CE–, riprese nel programma di lavoro 2010).

In particolare la competenza che accredita l'approccio patrimoniale come valore aggiunto è indicata come *"Cultural awareness and expression"* (consapevolezza del patrimonio culturale ed espressione).

In questo quadro il curricolo delle operazioni cognitive di Clio '92 per l'insegnamento della storia è un modello che consente di valorizzare al massimo l'apporto del patrimonio nei percorsi di apprendimento.

Per la scuola dell'infanzia e il primo biennio, ad esempio, "**le storie di aspetti o processi di mutamento esperiti dalla comunità dei bambini**" proposte nel curricolo Clio '92 hanno nei Musei etnografici e/o di cultura contadina una fonte patrimoniale molto funzionale. Negli spazi museali i bambini reagiscono con entusiasmo e rifacendosi alla cultura della famiglia, alle storie degli oggetti che riguardano la loro vita (es. i giochi, gli strumenti del lavoro, della casa...), la vita di famiglia, i rapporti sociali etc. rielaborano il loro rapporto con le cose.

Nella scuola è molto diffusa la pratica della costruzione della storia personale e della famiglia; sono moltissime le esperienze che partendo dai musei locali di carattere etnografico consentono di:

- ricostruire connessioni generazionali attraverso la storia degli oggetti;
- scoprire il valore d'uso, in origine e nel tempo dello stesso oggetto;
- collegare spazi di provenienza degli oggetti con storie familiari;
- comprendere il valore emotivo dell'oggetto (oggetto d'affezione);
- entrare nei processi di mutamento;
- ricostruire il rapporto con l'oggi del passato vicino e del passato lontano.

Se si digita su Google "*musei etnografici in Italia*" appaiono 157.000 ricorrenze suddivise per regioni: una fonte patrimoniale enorme alla quale attingere per insegnare la storia dei territori di appartenenza come parte della storia della nazione.

Per la classe 3 e l'ultimo biennio della scuola primaria il curricolo Clio '92 parla di «***processi di mutamento esperiti dalle generazioni adulte e della costruzione di quadri di civiltà alla scoperta del passato dell'umanità***». Il Patrimonio culturale locale, in questa prospettiva fornisce un contributo essenziale attingendo alle fonti dei beni culturali e dei luoghi della conservazione, dai Musei (Musei storici, civici, diocesani, d'arte...), agli Archivi alle biblioteche locali. I progetti in materia sono numerosi e assai diffusi soprattutto per la storia antica e medievale. Gli stessi monumenti assumono in questa prospettiva un ruolo diverso rispetto alla semplice testimonianza di stili e periodi artistici per diventare testimoni di civiltà. J. Le Goff, ad esempio, parla nel suo "Eroi e meraviglie del Medioevo" di tre luoghi emblematici che hanno fatto sgranare gli occhi di uomini e donne del Medioevo ed eccitato i loro pensieri

> *«Questo atteggiamento dell'uomo medievale si materializza in tre tipi di edificio, ciascuno dedicato a una delle principali potenze che dominano e dirigono la società medievale: la prima è Dio, con i suoi sacerdoti e la meraviglia della Cattedrale; la seconda è il Signore feudale, e la*

meraviglia è il castello; la terza è la società monastica e la meraviglia è il chiostro»[6].

Costruire il quadro di civiltà medievale a partire dalla cattedrale, dal castello, dal monastero che sorge "sull'uscio di casa" significa aprirsi alla storia dell'Italia tutta e raccontarla a partire dai luoghi e dalla sua immagine paesaggistica esito della costruzione del territorio che il Medioevo ha realizzato nel suo lungo percorso di circa un millennio.

Per la scuola media il curricolo delle operazioni cognitive parla di **"conoscenza del divenire mediante lo studio di processi di trasformazione"** Anche per questa indicazione prendiamo un esempio relativo ad un periodo storico che è previsto nelle Indicazioni per la scuola secondaria di primo grado. Il Risorgimento – nella periodizzazione classica– dimenticato, stravolto, nascosto o non visto nelle nostre città è un periodo di grandi trasformazioni in cui si integrano quadri di civiltà profondamente diversi tra inizio e fine secolo XIX. Oggi la sua attualità è altresì legata alle celebrazioni dei 150 anni dell'Unità d'Italia che percorrono tutto il 2011.

Il periodo è stato definito anche come lungo secolo progettuale nel quale oltre alla scienza e all'industria iniziarono a prendere corpo progetti sociali come la scolarizzazione. Come il Patrimonio dei Musei storici, dei Musei scientifici e delle raccolte d'arte dell'800, i Musei del Risorgimento, i luoghi possono essere fonti privilegiate?

«*Il 15 luglio del 1820* –ricorda un cronista dell'epoca– *alle ore 6 antimeridiane transitava sul Po a Casalmaggiore (CR) una grande imbarcazione l'Eridano, varata dai cantieri dell'Arsenale di Venezia, viaggiava a forza di fuoco chiamata barca a vapore*». Una citazione apparentemente curiosa che però suggerisce un approccio al secolo del Risorgimento come secolo preparatorio dei

---

[6] J. Le Goff, *Eroi e meraviglie del Medioevo*, Laterza, Roma-Bari, 2005, p. 11.

grandi cambiamenti del XX e ricolloca la storia istituzionale e politica nel quadro delle storie che hanno fatto l'unità d'Italia. Una rete di Musei mantovani del Risorgimento nella ricorrenza dei 150 anni della battaglia di Solferino e San Martino del 1859 ha proposto alle scuole un progetto integrato che colloca eventi politici e istituzionali nei luoghi. Ogni Museo offre una occasione di approfondimento con visita e laboratorio, le classi, dopo un inquadramento generale su materiale predisposto, ricompongono il discorso storico complessivo. Le opportunità in rete offerte alle scuole, prevedono un trasferimento fisico della classe in Museo ma nulla vieta che una analoga operazione possa essere costruita in rete virtuale laddove i siti dei vari musei consentissero la scelta dei beni e la loro strutturazione per la costruzione dei percorsi didattici.

Per questo periodo storico grandi assenti sono anche i luoghi di molte città e campagne d'Italia dove il XIX secolo ha lasciato un segno profondo, luoghi che sono da vedere con occhi nuovi perché nella loro memoria c'è molto '800, troppe volte sbrigativamente distrutto e nascosto.

«È banale dirlo, ma nessuno sembra accorgersene. Risorgimento è passeggiare nel centro storico di Parma –ma questo vale per tante altre città d'Italia–, Risorgimento è percorrere le vie, vedere le facciate delle case zigzagare il cielo, leggere il nome delle vie, le epigrafi, entrare in una chiesa e vederne i monumenti, è prima di tutto continuità tra la Parma ducale e quella dell'Unità, in modo fisico, nell'intreccio urbanistico, nel legame della persistenza della classe dirigente e del suo senso di responsabilità nell'esercizio del potere, nei cognomi e nelle attività di famiglia»[7].

---

[7] M. Dall'Acqua, "Risorgimento è passeggiare per il centro", in *Il Nuovo di Parma*, quindicinale locale, 15 maggio 2010.

Appendice

Esempio di progettazione dei contenuti a partire dal patrimonio per il Quadro di civiltà del Medioevo

Lo schema che segue intende offrire alcuni criteri fondamentali da seguire nella progettazione di un percorso didattico per la scuola secondaria di 1 grado, per fare storia utilizzando come fonte privilegiata il Patrimonio culturale. Lo schema presenta alcuni criteri relativi alle scelte di contenuto prendendo a riferimento –come esempio concreto– il Medioevo di mezzo e Basso medioevo. Partiamo infatti dalla periodizzazione proposta nell'ul-timo lavoro di carattere manualistico/divulgativo curato da U. Eco[8] che considera il medioevo (dalla caduta dell'Impero romano d'Occidente al 1500) suddiviso in:

- Alto Medioevo sino a Carlo Magno e anno 1000
- Medioevo di Mezzo sino al 1200
- Basso Medioevo sino a fine 1300
- Il 1400 secolo delle Corti e della svolta dell'Umanesimo

Per la scelta dei contenuti patrimoniali sono necessarie alcune operazioni preliminari:
1. determinazione dei limiti cronologici pur a maglie larghe; il Medioevo di Mezzo riguarda i secoli della lotta per le investiture e della Riforma della chiesa di Gregorio VII mentre con il Basso Medioevo si ha l'affermarsi e l'espandersi della città;
2. delimitazione spaziale dell'area da cui prendere i segni patrimoniali grandi e piccoli, l'area mediopadana dell'attuale Emilia occidentale nella quale si impone la cultura romanica e papale

---

[8] U. Eco (a cura di), *Il medioevo*, Motta editore, Milano, 2009, vol.12, collana Biblioteca di Repubblica l'Espresso.

(dall'ovest) pur incontrandosi con quella imperiale (dal nord) e bizantino orientale (dall'est);
3. delineazione dei grandi modelli di cultura che caratterizzano nell'area i secoli oggetto di ricerca storica. Ogni segno, ogni immagine che leggiamo si collega infatti a quelle che non leggiamo, per continuità e/o per contrapposizione. Le immagini di Arche di Noè e di navi in genere che la scultura romanica e la miniatura ci offrono quanto prendono dalla tradizione romana e dalle nave dell'Islam che percorrono il Mediterraneo? Le strade medievali quanto prendono dalla viabilità romana e da quella longobarda?

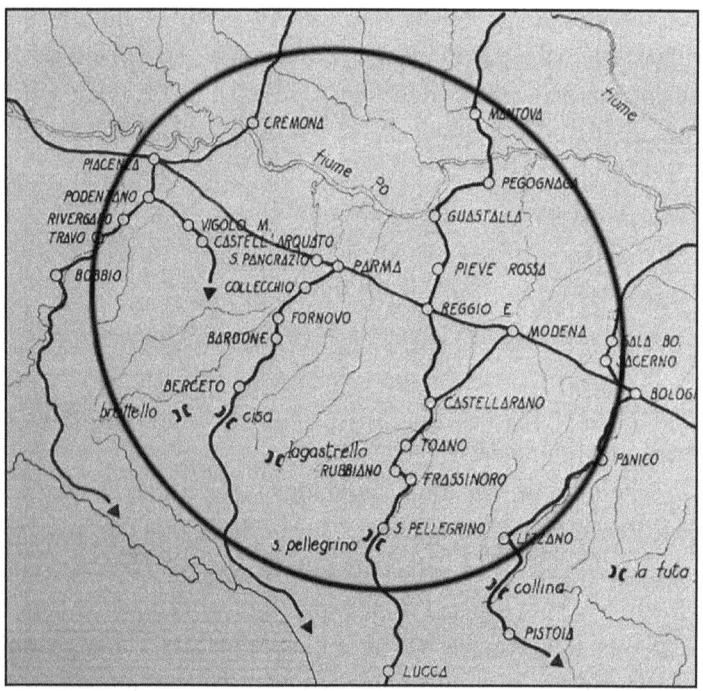

Sono questi i secoli delle Cattedrali e dei Comuni che si collocano nel cuore dell'Occidente cristiano «*sono secoli di grande*

espansione dai quali nascerà il mondo moderno»[9]. Sono questi infine i secoli delle 3 grandi trasformazioni: espansione demografica ed evoluzione agricola, riforma della chiesa e degli ordini monastici, espansione delle città.

Lo spazio considerato e la viabilità medievale

Argomento / tema oggetto di grande trasformazione	Bene patrimoniale generale e Beni specifici locali da considerare
Territorio e governo dello stesso	**La strada**, *la via Francigena nel territorio e il suo arredo… ponte medievale di Bobbio* **I paesaggi agrari, la pieve**, *insediamenti e pievati in pianura e collina, pieve di Fornovo* **Il castello e le fortificazioni** *Canossa e i castelli matildici sino ai possedimenti in Toscana* **Il borgo** *Berceto sulla via francigena* **La città** *Parma medievale e le "laudes civitatum" con gli Statuti*
La vita pubblica La vita privata Il lavoro	**Il lavoro e le tecnologie**, *i mesi del Battistero e del Duomo di Parma* **L'abitazione,** *palazzo, castello, torre, Corchia di Berceto Marola di RE, borghi altomedievali* **Il monastero e la riforma**, *Bobbio* **La cattedrale, architettura e riforma,** *Cattedrali di Modena e Parma* **Il colore; il metallo; la pietra**, *l'oro e i cerchi di luce sull'altare, il minio nelle miniature dei mesi antelamici della Biblioteca Palatina di Parma*
La rappresentazione del mondo e il potere	**Il racconto della storia del mondo**, *sculture della Genesi di Modena e Battistero di Parma* **La rappresentazione del bene e del male**, *il bestiario zoomorfo in Battistero e i capitelli della Cattedrale di Parma* **Il potere** *Il trono, il baldacchino, il ciborio; il telamone che regge l'ecclesia e il leone che indica il potere spirituale*

---

[9] J. Le Goff e D. Romagnoli, *Parliamo di Medioevo*, collana di quaderni didattici, coordinata da M. Calidoni, n.3, Silvana editoriale, Parma-Milano, 2007.

Riferimenti bibliografici

Testi consultati

Aa.Vv. (2005), *L'ambiente e i segni della memoria*, Carocci Faber, Roma.
Bodei R. (2009), *La vita delle cose*, Laterza Roma-Bari.
Bortolotti A., Calidoni M., Mascheroni S., Mattozzi I. (2008), *Per l'educazione al patrimonio culturale. 22 tesi*, FrancoAngeli, Milano.
Bravo G. L., Tucci R. (2007), *I beni culturali demoetnoantropologici*, Carocci, Roma.
Burke P. (2002), *Testimoni oculari*, Carocci, Roma.
Calidoni M. (2007), *Insegnare con i concetti Arte e Immagine*, FrancoAngeli, Milano.
Clio '92 (2000), "Tesi sulla didattica della storia", in *I Quaderni di Clio '92*, 1, pp. 11-44, scaricabile dall'indirizzo:
www.clio92.it/public/documenti/le_tesi/Tesididstoria.pdf.
Dell'Orso S. (2009), *Musei e territorio*, Electa, Milano
Di Tonto G., Perillo E. (2011), "Storia @ Storie, sapere storico e storia insegnata al tempo del digitale", in *I Quaderni di Clio '92*, n.10.
Eco U. (a cura di) (2009), *IL medioevo*, Motta editore, Milano, vol. 1, collana Biblioteca di Repubblica l'Espresso.
Le Goff J. (2005), *Eroi e meraviglie del Medioevo*, Laterza, Bari.
Mattozzi I. (2004), "Far vedere la storia" in E. Perillo, C. Santini, *Il fare e il far vedere nella storia insegnata*, SEA, Clio '92.
Rabitti M. T. (a cura di) (2009), *Per il curricolo di storia idee e pratiche*, FrancoAngeli, Milano.
Rosa V. (2006), "Un'idea dell'800" in Aa.Vv., *L'età progettuale,* catalogo mostra Biblioteca Mortasa, Casalmaggiore.
Salvarani R. (2005), *Storia locale e valorizzazione del territorio*, Vita e Pensiero, Milano.
Sistema musei mantovani (2010), *Crescere al Museo, guida alle attività didattiche,* 2009/2010.
TCI (1981), *Capire l'Italia*, collana volumi monografici e itinerari *I paesaggi umani, Le citta', I segni del lavoro, I musei, Il patrimonio storico artistico*, Milano 1977/1981.
TCI (2000), *Il paesaggio italiano*, Milano.
Tosco C. (2009), *Il paesaggio storico*, Laterza, Roma-Bari.
Turci M. (2008), "Sguardi sulle cose, gli oggetti", in A. Perin, M. Volontè, *Anticovecchiomoderno,* catalogo della Mostra, Museo civico di storia naturale di Cremona.

Appendice

Calidoni M. (2005), *Lo spazio del Medioevo nel territorio di Parma,* Silvana editoriale, Milano.

Calidoni M. (2005), *La Mater ecclesia e il cantiere della cattedrale di Parma*, Silvana editoriale, Milano.
Eco U. (a cura di) (2009), *Il medioevo*, Motta editore, Milano, vol. 12, collana Biblioteca di Repubblica l'Espresso.
Quintavalle A. C. (1978), *Romanico mediopadano, strada, città, ecclesia*, Università di Parma.
Tosco C. (2003), *Il castello, la casa, la chiesa, Architettura e società nel ME*, Einaudi, Torino.
www.retimedievali.it, sito di particolare interesse.

I rapporti interculturali nelle storie d'Italia: preistoria e mondo antico

di *Maria Teresa Rabitti*

1. Introduzione

Tante storie, tanti racconti devono essere intrecciati per comprendere la storia dell'Italia; un territorio proteso nel Mediterraneo, come sostiene Fernand Braudel, appendice meridionale dell'Europa e ponte per i deserti del nord Africa. La storia dell'Italia è necessariamente una storia di rapporti interculturali, di interazioni dei vari gruppi umani che su questo territorio si sono stanziati, si sono incontrati, hanno lottato, scambiato merci e conoscenze e hanno dato origine a modi di vivere differenti.

La civiltà italica, oggi come un tempo, è il prodotto di tanti processi di interazione.

Gli studi sulle interazioni tra civiltà non sono nuovi, risalgono circa alla seconda metà del XX secolo; riguardano la storia della musica, delle scienze, dell'arte, della tecnologia e delle religioni e hanno trovato particolare attenzione tra gli storici della World History.

Lo storico Jerry H. Bentley professore alla Università delle Hawai e Direttore della Gazzetta della Storia del Mondo, si interessa da anni al tema e ha ipotizzato una possibile periodizzazione della storia mondiale scandita dai momenti più significativi dell'incontro/ scontro tra i popoli.

«Dai tempi remoti fino al presente, le interazioni culturali hanno avuto significative implicazioni politiche, sociali, economiche e culturali per tutti i popoli coinvolti. Così si pone la tesi che i processi di interazione culturale potrebbero avere qualche valore per i tentativi di identificare periodi storici da un punto di vista globale. (...) Gli studiosi si rendono sempre più conto che la storia è il prodotto di interazioni che coinvolgono tutti i popoli del mondo. Concentrando l'attenzione sui processi di interazione culturale, gli storici potrebbero più facilmente identificare modelli di continuità e di cambiamento che riflettono le esperienze di molti popoli, piuttosto che imporre a tutti periodizzazioni che derivano dalle vicende di pochi privilegiati»[1].

L'interazione, oggi come un tempo, ha causato modificazioni sostanziali nelle civiltà coinvolte, l'abbandono di modalità di vita per assumerne delle altre. Sia che un popolo sia stato vincitore che vinto, nel momento del contatto entrambe le civiltà si modificano e spesso nascono nuove forme di civiltà sincretiche, capaci di fondere i nuovi sistemi con le credenze e con le istituzioni preesistenti.

Oggi viviamo in un mondo ad alta interazione culturale, un mondo globalizzato in cui la lingua inglese è il principale mezzo di comunicazione interculturale del pianeta, il calendario cristiano è il mezzo impiegato in tutto il mondo per calcolare il tempo, i numeri arabi sono il sistema mondiale di conteggio e il sistema metrico è il criterio di misurazione invalso in grandissima parte del pianeta.

La televisione, internet, i viaggi aerei, le migrazioni di massa, i commerci globalizzati, favoriscono una circolazione culturale mai verificatasi nei tempi passati.

Noi stiamo assistendo a cambiamenti e mescolanze culturali enormi, di cui spesso non ci rendiamo conto in quanto l'incontro multiculturale non è avvenuto con guerre e invasioni, ma attraverso penetrazioni progressive e non violente.

---

[1]. J. H. Bentley, "Interazione culturale e periodizzazione nella storia mondiale", in *American Historical Rewiew*, giugno 1996, pp. 771-782. Traduzione di Francesco Tadini in www.storiairreer.it/Materiali/Bentley_1996.htm

Le insofferenze che proviamo per la presenza di stranieri che hanno modalità di vita differenti, nel nostro condominio, nella nostra classe, nel nostro posto di lavoro, non sono molto diverse da quelle che un tempo si originavano al contatto con altri gruppi umani.

Presentare la storia d'Italia come il frutto di un processo in cui storie di popoli diversi hanno interagito è una modalità per raccontare una storia diversa, per mettere in relazione passato e presente e le storie d'Italia con le storie d'Europa e le storie del mondo.

2. Interazione e educazione alla cittadinanza

Intenzione del lavoro è presentare alcuni momenti significativi della storia della penisola italica (intesa come spazio geografico) in cui più evidenti sono state le interazioni tra i vari gruppi umani che l'hanno abitata, e costruire negli allievi un'idea della dinamica dei processi di trasformazione avvenuti in Italia in ambito culturale, sociale, economico, artistico. L'attenzione alle interazioni tra individui e gruppi presenti contemporaneamente sul territorio, permette di cogliere gli apporti delle diverse culture alla formazione della nuova civiltà che si va originando, di riconoscere debiti e influenze reciproche.

Costruire consapevolezza che la propria cultura o civiltà di appartenenza è frutto di un processo storico di incontro e scontro di molte civiltà, di interazioni di molti gruppi umani che sono vissuti in epoche passate, e oggi vivono, sul territorio italiano, significa fare chiarezza sulla presunta "identità italica originaria", e valorizzare invece una identità come parte della più ampia "civiltà occidentale"; concetto anche questo non univoco e non condiviso da tutti gli storici, ma che comunque favorisce un approccio critico al problema delle "radici" nel percorso di educazione alla cittadinanza.

3. La storia dell'umanità e le interazioni

Per gli storici della World History la storia dell'umanità può essere divisa sostanzialmente in tre grandi periodi: il periodo del popolamento del pianeta quando i continenti per effetto della glaciazione erano tra loro in comunicazione; un secondo periodo caratterizzato dall'isolamento quando le due macro aree continentali con il disgelo si sono divise e hanno proceduto autonomamente, fino al XV secolo; il terzo periodo, quello che ancora stiamo vivendo, della ripresa di comunicazione e di interazione tra i continenti e dell'unificazione dell'ecumene.

«Per gran parte della storia, l'emisfero occidentale, quello orientale e l'Oceania sono state regioni largamente autonome, le cui popolazioni hanno avuto incontri sporadici e rari, quando non del tutto assenti. All'interno delle tre aree, tuttavia, le interazioni culturali ebbero luogo regolarmente e costruirono le esperienze di tutti i popoli coinvolti. La comprensione delle antiche interazioni è particolarmente forte per l'Eurasia e gran parte dell'Africa, così che le interazioni culturali servono bene come base per la periodizzazione in gran parte dell'emisfero orientale anche prima dei tempi moderni. (...) A partire dal 1492 le regioni del mondo sono entrate in contatto permanente e intenso fra di loro e le interazioni culturali hanno profondamente influenzato le vicende di tutti i popoli della terra. Schiere di studiosi hanno esaminato gli effetti delle interazioni culturali nei tempi moderni analizzando temi quali il commercio a lunga distanza, gli scambi di piante animali e malattie, il trasferimento di tecnologia, le imprese imperialistiche e coloniali, le campagne dei missionari, il commercio transatlantico degli schiavi e lo sviluppo del capitalismo globale» [2].

La storia umana è la storia delle civiltà intese come «*uno spazio, un'area culturale (...), un insieme di caratteristiche e di fenomeni culturali*»[3]; una particolare concatenazione di elementi quali la visione del mondo, cultura materiale, consuetudini, forme di organizzazione sociale e politica, che formano una entità storica coesa.

---

[2] Bentley, vedi sito citato.
[3] F. Braudel, *Il mondo attuale*, Einaudi, Torino, 1966, vol 1, pp. 26-27.

Le civiltà non hanno confini nettamente delimitati; ad una civiltà possono appartenere più popoli; le civiltà possono cambiare nel tempo, si evolvono, si adattano «*attraverso tante resistenze, cedimenti, permanenze e lente deformazioni*». Ciò che «*restituisce alle civiltà il loro volto particolare, unico: le civiltà sono continuità, interminabili continuità storiche. La civiltà è dunque la più lunga delle storie di lunga durata*»[4].

4. I manuali e le interazioni culturali

Nei manuali, le civiltà nascono nel tal periodo in un determinato luogo, poi una civiltà vicina o lontana conquista quei territori e si sostituisce a quella precedente. La civiltà vinta soccombe e pare che nulla resti di quel mondo e di quella cultura. Non viene raccontato agli allievi cosa è successo ai vinti, si lascia intendere senza esplicitarlo che molti saranno stati uccisi, altri fatti schiavi, tutti privati dei precedenti poteri e dei loro averi. Ma come i due popoli dopo la conquista hanno convissuto su quel territorio? Come i vincitori si sono rapportati alla cultura, alle conoscenze scientifiche e tecniche, alla mentalità, alle abitudini del popolo vinto? Generalmente questi sono temi ignorati dalla manualistica corrente.

Ricerche in ambiti disciplinari diversi hanno messo a tema il sincretismo, innanzitutto come esempio quello religioso, per evidenziare come riti, credenze, visione religiosa di una certa area presenti reminiscenze o caratteri di culti diversi riconducibili a religioni che in questa area sono venute a contatto. Nella storia dell'arte l'influenza reciproca tra artisti è continuamente sottolineata: gli stili, le tecniche del disegno, l'uso del colore, il paesaggio, i soggetti, vanno rintracciati in altri artisti, in altre correnti precedenti o contemporanee, proprio per sottolineare sia l'influenza

---

[4] Idem, p. 52.

delle stesse, sia l'originalità del nuovo, rispetto alla tradizione artistica precedente. Similmente sono ampiamente studiati i sincretismi e i debiti linguistici. Nell'insegnamento della storia questo aspetto viene spesso trascurato e le relazioni tra popoli nomadi e sedentari, tra civiltà vinte e vincitrici, tra produttori di materie prime e attività artigianali e commerciali, tra campagna e città, solo per fare alcuni esempi, vengono poco evidenziate.

Sicuramente se fossero messe in luce le interazioni, risulterebbero più comprensibili i grandi processi storici, le grandi trasformazioni della storia dell'umanità, il concetto di "originalità" di una cultura, senza interpretazioni di valore tendenti ad escludere ciò che è "diverso".

5. Fattori di interazione

Secondo molti storici della W. H. si possono individuare tre tipi di processi trasversali alla storia dell'umanità, che hanno favorito la comunicazione tra i popoli, e quindi resa possibile l'interazione, in epoche diverse, lungo le linee di confine delle società: le migrazioni di massa, le campagne di espansione imperialistica, il commercio a lunga distanza. Con gli uomini, le merci, gli eserciti, viaggiano le idee e le conoscenze.

Le migrazioni di massa hanno avuto il potere di portare trasformazioni politiche, sociali, economiche e culturali nelle terre che hanno toccato. I processi migratori generano conflitti, confronti, mescolanze, ibridazioni anche a livello bio-demografico come dimostrano i risultati degli studi del genetista e storico Luca Cavalli Sforza[5].

---

[5] L. Cavalli Sforza, *Geni, popoli e lingue*, Milano, Adelphi, 1996; *Storia e geografia dei geni umani*, con Paolo Menozzi e Alberto Piazza, Milano, Adelphi, 1997.

Insieme con le migrazioni, anche la fondazione di imperi ha influenzato lo sviluppo storico di aree vastissime, l'espansione imperialistica ha favorito lo stabilirsi di relazioni commerciali, scambi di piante e di animali, e relazioni diplomatiche tra popoli distanti, così come la diffusione di tradizioni culturali, leggi e linguaggi in uno scambio reciproco.

> *«Una recente ricerca ha ipotizzato che il commercio a lunga distanza ha avuto conseguenze più importanti di quanto abbiano finora creduto gli studiosi. (...) La prospettiva dell' antropologia economica pone attenzione al significato culturale e politico del commercio pre-moderno in beni di lusso. Anche se il commercio di beni preziosi ha coinvolto direttamente un piccolo numero di persone, ha tuttavia coinvolto persone molto importanti.*
> *A parte il loro valore economico, i beni esotici servivano spesso come simboli di potere, di "status" e di autorità. La possibilità di mostrarli, consumarli e donarli ad altri era cruciale per la definizione e il mantenimento di strutture politiche e sociali. Così, anche se il suo valore economico era limitato, il commercio di beni di lusso spesso ebbe ampie implicazioni politiche e sociali»* [6].

6. I fattori di interazione nelle storie d'Italia

Per rapportare i fattori di interazione alla storia delle penisola italica, è necessario far ricorso a storie a scala più ampia: macro area mediterranea, area continentale europea, mondo.

L'Italia, per la sua posizione strategica nel Mediterraneo, non può che essere un luogo di interazione, uno spazio di incontro e scontro di culture diverse, un'area di migrazione, di scambi commerciali a lunga e breve distanza, un territorio di conquista con vocazioni imperialistiche.

Mi limiterò a presentare alcuni esempi di processi di interazione riferiti all'Italia nel periodo paleolitico e antico con un sguardo attento, anche in presenza di grandi migrazioni, guerre, conquiste,

---

[6] Bentley, vedi sito citato.

scambi, alla convivenza e alla elaborazione di culture nuove, sincretiche.

Il tema delle migrazioni sarà trattato più ampiamente in quanto oggi è di grande rilevanza e la storia può fornire esempi significativi di come esse siano parte integrante della storia dell'umanità, siano processi inevitabili e presenti nella storia della penisola fin dai tempi del primo popolamento.

Il tema delle migrazioni germaniche del V secolo, la caduta dell'impero romano d'Occidente e la formazione della nuova cultura europea, verranno affrontati come "studio di caso" per cogliere come si è formata la nuova cultura romano barbarica, quali sono stati i fattori di diversità che possono avere provocato lo scontro, quali i fattori di continuità che hanno favorito l'integrazione e quali i fattori di trasformazione.

6.1.1. Le migrazioni oggi

Se prendiamo in esame la carta dei flussi migratori alla fine del XX secolo, ci rendiamo conto che grandi spostamenti sono da allora in atto verso l' Europa e l'America settentrionale, e che nel mondo si sta verificando in queste aree di attrazione, una forte mescolanza di popoli. Ma ugualmente ricordiamo che un grande processo migratorio di massa si era verificato nel XIX secolo dall'Europa verso le terre americane del sud e del nord e aveva interessato milioni di europei e milioni di italiani.

Le Americhe sono da ormai cinque secoli terre di approdo di grandi flussi migratori

Flussi migratori nel mondo oggi[7]

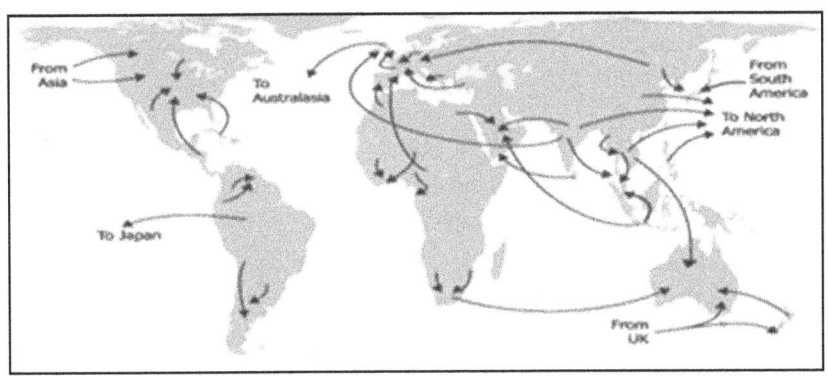

6.1.2. Le grandi migrazioni paleolitiche

All'origine della storia dell'umanità il processo migratorio ha fatto sì che tutto il pianeta venisse progressivamente popolato dall'Homo Sapiens Sapiens; uomo anatomicamente moderno originario dell'Africa, ha compiuto la sua evoluzione in questo continente e lo ha interamente popolato. Probabilmente circa 100.000-90.000 anni fa, passando lungo la Valle del Nilo, il Sapiens Sapiens uscì dall'Africa e si diffuse nell'Asia occidentale, in Europa, poi nell'Asia orientale, fino a raggiungere circa 20000 anni fa l'America, l'Australia e le isole del Pacifico e l'intero pianeta. Impose la sua presenza eliminando i precedenti abitanti presenti sul territorio, ominidi meno evoluti di lui.

Si è trattato di una migrazione spontanea:

> «*naturalmente non conosciamo la modalità di questi processi di spostamento, se avvenuti con continuità o con salti, con accelerazioni o con regressi. Ma sicuramente questi processi affinarono la capacità di adattamento degli uomini alle mutevoli circostanze ambientali, naturali e climatiche. Essi furono poi accompagnati da complessi fenomeni di sele-*

---

[7] M. Dinucci, *Il sistema globale*, Zanichelli, 2002.

zione che facevano sì che le caratteristiche di chi andava avanti non fossero identiche a quelle di coloro che restavano indietro. Non ci inoltriamo in un campo che ci è estraneo (...) e ci limitiamo alla considerazione, abbastanza ovvia, che la migrazione è congenita alla specie umana, e ne ha promosso la diffusione, il consolidamento e la crescita»[8].

Il Sapiens Sapiens giunse in Europa e in Italia circa 40.000 anni fa, all'inizio del Paleolitico superiore e condivise per centinaia di anni queste terre pressoché vuote, con piccoli gruppi di ominidi, gli uomini Sapiens di Neaderthal. I Sapiens Sapiens alla fine prevalsero su tutti perché le loro conoscenze tecniche di caccia e di raccolta e di lavorazione della pietra erano più raffinate e precise di quelle dei gruppi umani precedentemente installati sul territorio. Sicuramente tra questi gruppi umani si sono svolti scontri feroci e assimilazioni di cui poco sappiamo.

Gli storici sostengono che in uno scontro tra culture, la civiltà più progredita più strutturata, più organizzata, generalmente prevale. L'Italia è quindi una terra di antichissimo popolamento in cui hanno vissuto contemporaneamente ominidi a stadi diversi di evoluzione.

Le migrazioni umane da 100.000 a 15.000 anni fa[9]

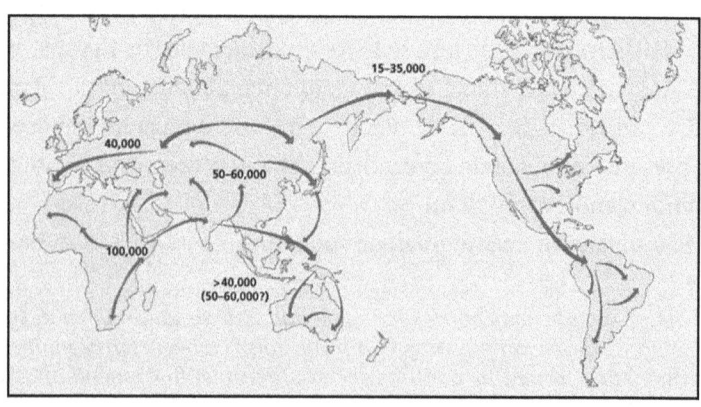

---

[8] M. Livi Bacci, *In cammino. Breve storia delle migrazioni*, Il Mulino, Bologna, 2010, p. 12.
[9] L. Cavalli Sforza, *Geni, popolazione e lingua*, Le Scienze, n. 281, 1992, p. 20.

6.1.3. Il neolitico: migrazione di uomini o di tecniche?

La Rivoluzione neolitica avviene in pochi luoghi-laboratorio: Vicino e Medio Oriente, Cina, Messico, Ande, Nuova Guinea, regione africana del Sahel. Come si diffuse nel resto del mondo? Fu una interazione culturale o una migrazione di uomini agricoltori? Non sappiamo con certezza, ma la conoscenza delle pratiche agricole riscontrabili in Europa e in Italia, nel 5.000 a. C., proviene dal Medio Oriente, attraverso la penisola balcanica e il Mediterraneo.

Gli storici pongono il problema di come l'agricoltura sia giunta in Europa e formulano al proposito due ipotesi.

«*[...] Si tratta di un processo che sarebbe iniziato 9.000 anni addietro, nell'area originaria del vicino oriente, e terminato 5.000 anni fa, nelle isole britanniche. Si confrontano due teorie esplicative, che non si escludono però reciprocamente, essendo possibile una combinazione tra le due. Per una delle due teorie, il sorgere dell'agricoltura sarebbe dovuto ad un processo di diffusione culturale. Sarebbero state le conoscenze, le pratiche e le tecniche a viaggiare e diffondersi sul territorio. Per l'altra teoria, quella della "diffusione demica", sarebbero stati invece gli agricoltori a migrare, sostenuti da una più stabile e solida crescita demografica, e con essi le loro tecniche produttive. La combinazione tra crescita demografica e spostamento avrebbe determinato una "onda di avanzamento" della popolazione, lenta, ma continua (...) con un lento cammino di penetrazione e d'insediamento di migranti che estendevano la coltivazione dei campi in nuove terre e le insediavano con case e villaggi. Una lenta onda di avanzamento (...) che procede con una velocità media di espansione pari a poco più di un chilometro all'anno*»[10].

Va tenuto presente che raramente questi gruppi preistorici venivano a contatto con altri abitatori, lo spazio era pressoché vuoto e non dovevano competere per la conquista dei territori da coltivare o le risorse da sfruttare.

---

[10] M. Livi Bacci, op. cit., pp. 12-13.

Focolai agricoli nella protostoria e linee di diffusione[11]

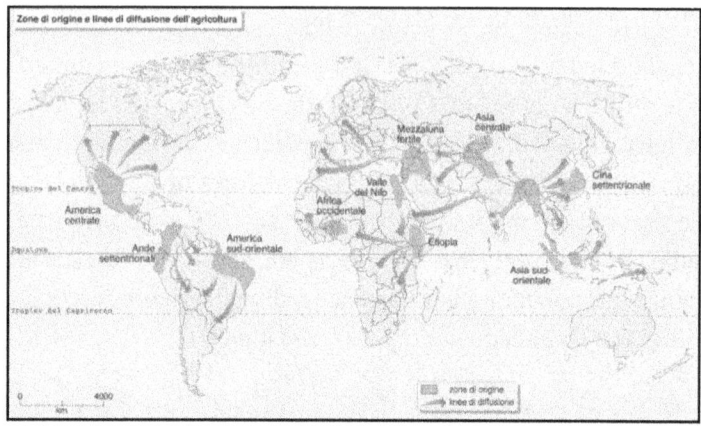

In Italia e nel Mediterraneo furono importate non solo tecniche di produzione agricola, ma anche prodotti: per esempio il grano che è considerato una pianta tipica o meglio "costitutiva" dell'Italia e del Mediterraneo, in realtà proviene da lontano, frutto di importazione. Ciò significa che ciò che è "costitutivo" non necessariamente è originale di un luogo. Potremmo dire che autoctone sono la vite e l'ulivo, ma l'Itala è debitrice del grano al Medio Oriente, degli agrumi al Lontano Oriente importati dagli Arabi, del cipresso alla Persia e, molto più avanti nel tempo, dei pomodori e del mais alle Americhe.

6.1.4. Le migrazioni in Italia di gruppi umani tra II e I millennio a. C.

L'Italia preistorica del II millennio a. C. era abitata da gruppi umani denominati palafitticoli, terramaricoli, in quanto preferivano

---

[11] A. Brancati, T. Pagliarani, *Dialogo con la storia. Dalla preistoria al II sec. d.C.*
Edizioni per la Riforma, La Nuova Italia, Firenze, 2010.

costruire le loro abitazioni su palafitte ai margini di paludi e acquitrini; erano i popoli degli Appennini, i Liguri, i Sardi, i Siculi. Popoli agricoltori e allevatori neolitici. Dagli scavi archeologici risulta che agli inizi dell'età del ferro le palafitte furono abbandonate, alcune popolazioni scomparvero in modo improvviso, si registrò un rapido calo della popolazione. Tutto ciò fu dovuto, secondo gli storici, a ondate migratorie che hanno portato progressivamente in Italia nuovi popoli e nuove usanze.

Tra il 1.200 e il 1.000 a.c. sono giunti nella penisola numerosi popoli, alcuni via terra, dall'area danubiana, altri via mare: erano Veneti, Illiri, Piceni, Latini, Fenici, Etruschi e Greci; si sono imposti alle genti che già vivevano in territorio italico da millenni. L'incontro fu violento, popolazioni autoctone sparirono, o eliminate o spodestate dalle loro terre; alcune emigrarono, altre invece si mescolarono con i nuovi venuti. Da quella mescolanza ebbero origine le lingue indoeuropee, nuove modalità di vita e le conoscenze agricole furono condivise anche dai nuovi venuti, si diffusero tecniche marittime di navigazione e di lavorazione dei materiali.

L'Italia del I millennio a. C si presenta come un mosaico di gruppi umani molto diversi tra loro che interagivano a vari livelli e davano origine a nuove civiltà.

I motivi per cui questi popoli si siano trasferiti in Italia, non sono certi; probabilmente alcuni di essi sono stati spinti a farlo da avvenimenti catastrofici, come è stata l'esplosione del vulcano di Santorini, nell' arcipelago Egeo, che ha distrutto la civiltà cretese. Altri invece furono costretti a lasciare le loro terre a causa di invasioni di popoli provenienti dall' Asia, e si fermarono in Italia attratti dal clima mite o dalle pianure fertili.

Le lotte tra i vari popoli stanziati sulla penisola furono numerose per il possesso di confini, di guadi di fiumi, di valichi, di pianure coltivabili, di miniere. Le civiltà erano tra loro molto diverse; solo per fare un esempio, gli Etruschi costruivano città stato sulle cime delle colline, con mura poderose e una aristocrazia guerriera che, oltre a governare, praticava il commercio e scambiava il ferro con altre merci di lusso provenienti da terre lontane: vasi greci, ambra, tessuti pregiati e oggetti di artigianato molto raffinato. I Liguri ancora organizzati un tribù, vivevano in villaggi fortificati, dediti soprattutto all'agricoltura e alla pastorizia. Roma per il momento è solo una città governata da re etruschi, con un governo dispotico e una aristocrazia guerriera dominante. La progressiva espansione di Roma e la conquista della penisola avvengono in presenza di tutti questi popoli che hanno contribuito a formare la civiltà romano italica.

I popoli italici nel I millennio a. C.[12]

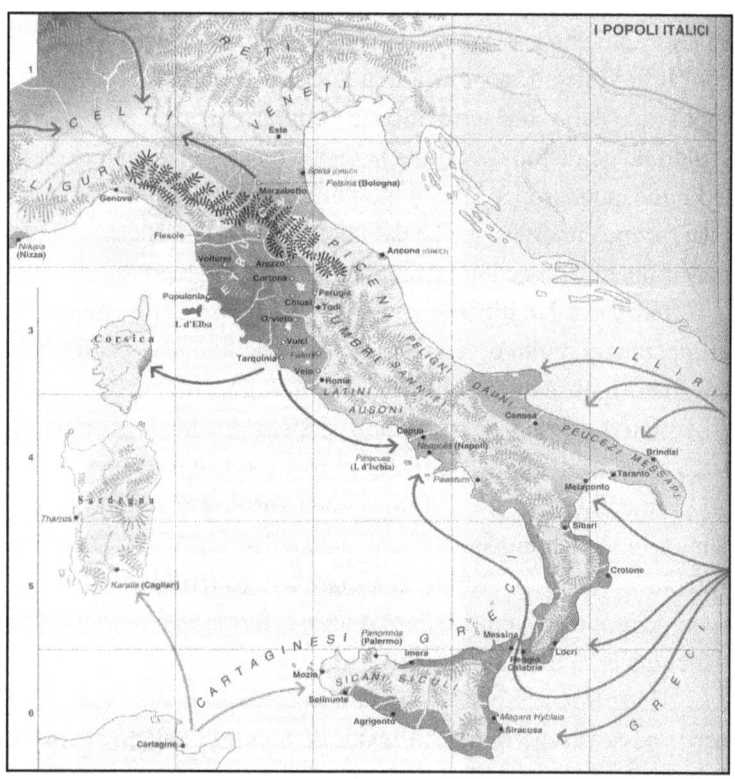

[12] G. Mezzetti, *L'iper libro di Geografia*, La Nuova Italia, Firenze, 1999, p. 155.

6.2. Le interazioni favorite dagli scambi commerciali

Gran parte della storia del territorio italiano si mescola strettamente con la storia del Mediterraneo. «*Il Mediterraneo è un crocevia antichissimo. Da millenni tutto vi confluisce, complicandone e arricchendone la storia: bestie da soma, vetture, merci, navi, idee, religioni, modi di vivere. E anche le piante. Le credete mediterranee. Ebbene, a eccezione dell'ulivo della vite e del grano –autoctoni di precocissimo insediamento– sono quasi tutte nate lontano dal mare*»[13]. Dalla sua posizione nel Mediterraneo «*l'Italia trova il senso del proprio destino: è l'asse mediano del mare, e si è sempre sdoppiata, tra un'Italia volta a Ponente e un'altra che guarda a Levante. Non vi ha forse attinto per molto tempo le proprie ricchezze? Naturale è quindi per lei la possibilità, e naturale il sogno, di dominare il mare in tutta la sua estensione*»[14]. Se dal mare l'Italia ha per secoli attinto le sue ricchezze, è vero che esso è stato un "ostacolo e un legame". Per gli antichi è un mare "sconfinato", con distanze "smisurate" per chi naviga a vela o a remi o sottocosta a vista; «*non dimentichiamo che il Mediterraneo di Augusto e di Antonio, quello delle crociate, o anche quello delle flotte di Filippo II era cento, mille volte più grande di come ci appaia quando viaggiamo attraverso lo spazio aereo o marino. (...) Da solo, costituiva in passato un universo, un pianeta*»[15].

Navigabile solo in estate, non offre un pesca sovrabbondante né facile. «*Il mare però non è soltanto una riserva alimentare; costituisce anche e soprattutto, una "superficie di trasporto": una superficie utile se non perfetta*»[16].

Nel Mediterraneo antico vi erano zone economiche più avanzate in cui gli scambi commerciali erano assai frequenti, erano zone

---

[13] F. Braudel, *Il Mediterraneo. Lo spazio la storia gli uomini le tradizioni*, Bompiani, Milano, 2003, p. 8.
[14] F. Braudel, op. cit., p. 12.
[15] Idem, pp. 31, 32.
[16] Idem, p. 37, 38.

ricche in cui circolavano con le merci di diversa provenienza, anche le idee e le conoscenze tecniche.

Nel II millennio a. C. popoli del sud d'Italia scambiavano prodotti con i Micenei e il Vicino Oriente; si diffuse così da est a ovest, il carro con ruote a raggi, il cavallo da tiro, la spada di modello greco. Contemporaneamente i popoli delle palafitte, i terramaricoli del nord d'Italia, scambiavano prodotti in bronzo e l'ambra con i popoli del nord Europa.

L'influenza greca nel meridione si fa sentire in molti campi: l'arte di costruzione dei templi della Magna Grecia influenzerà l'architettura romana e la diffonderà nel Mediterraneo, e così sarà al nord per le influenze e le eredità lasciate dai Celti e dagli Etruschi.

Aree economiche avanzate nel II millennio a. C.[17]

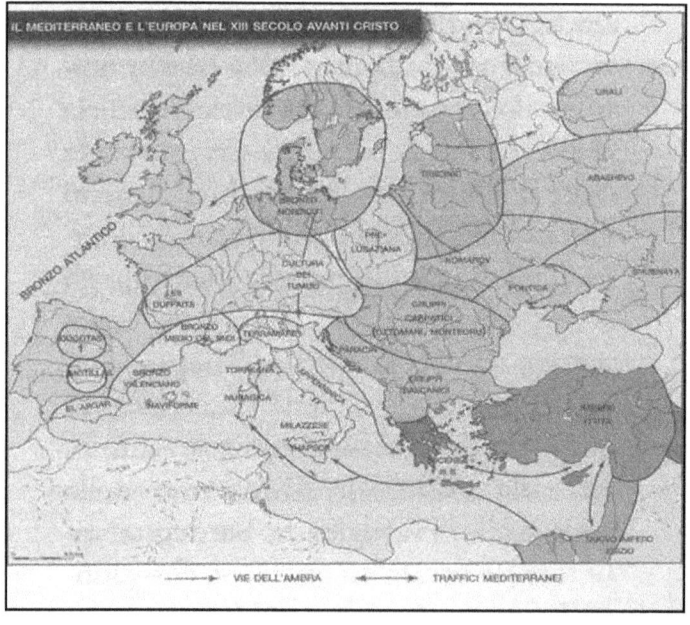

---

[17] J. Guilaine, *Le radici del Mediterraneo e dell'Europa*, Jaca Boock, Milano 2009, p. 76.

L'impero romano ha unificato i territori sottomessi in un organico sistema di comunicazione costruendo strade lastricate, ponti, regolari rotte e vie marittime, acquedotti, mercati, controllando valichi alpini, diffondendo una moneta unica. Roma ha controllato le miniere e la produzione dei minerali, ha fondato città coloniali, ha esteso le culture del Mediterraneo a tutte le zone climaticamente adatte, formando un'area economica chiave in un luogo centrale dell'impero. Il Mediterraneo diventò l'area di trasporto che favorisce le comunicazioni e gli scambi commerciali tra le diverse aree economiche e culturali.

Rotte marittime e fluviali dell'impero nel II sec. d. C.[18]

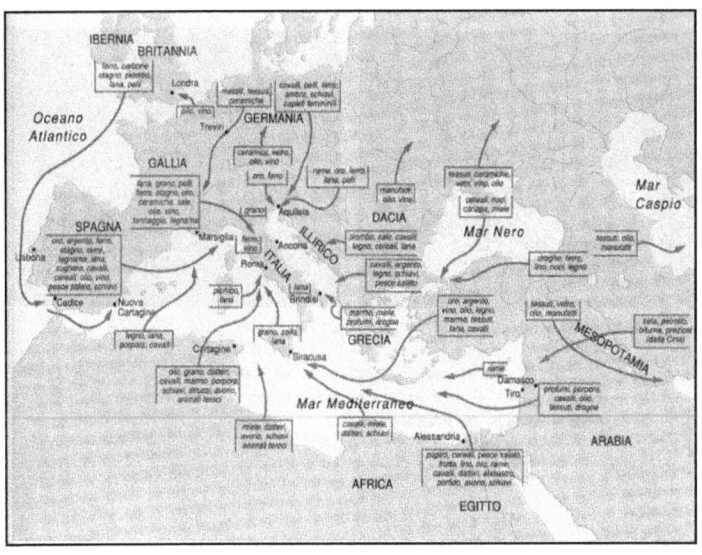

Dopo la caduta dell'Impero romano d'Occidente e durante i secoli dei conflitti per l'egemonia territoriale dei regni romano barbarici, l'Italia perse la sua centralità in ambito politico ed econo-

---

[18] Aa. Vv., *La storia*, Ed. del Quadrifoglio, Milano, 1990, vol. 1, p. 331.

mico, fino a quando le città di Genova e Venezia tornarono a dominare le rotte commerciali nel Mediterraneo. Dal XVI secolo gli scambi con le Americhe spostarono l'asse dei commerci sull'oceano Atlantico privilegiando le aree portuali del nord Europa.

Il commercio europeo nel XV secolo[19]

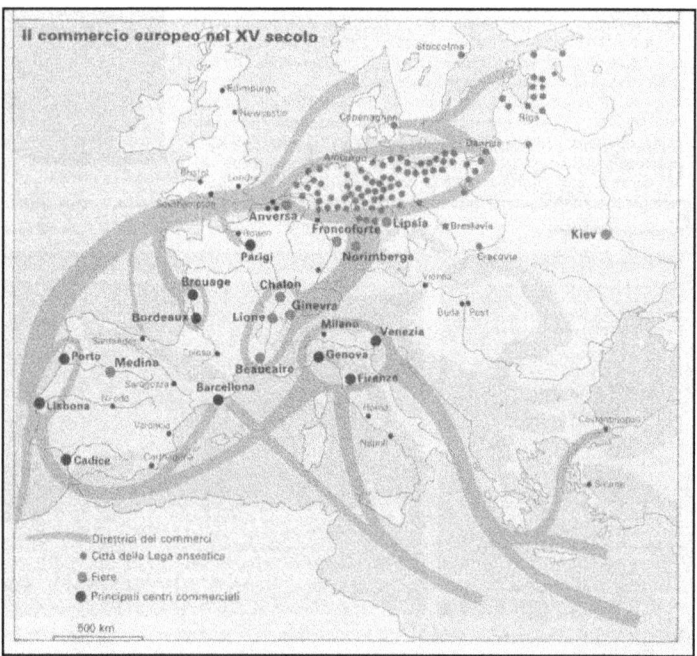

6.3. Espansione imperialistica

La conquista dell'Italia da parte dei Latini e più tardi la formazione dell'impero romano sono esempi di come l'espansione imperialistica e la colonizzazione siano stati fattori di progressiva in-

---

[19] *Il nuovo Atlante storico*, Zanichelli, 1993, p. 129.

terazione tra i popoli: assimilazione parziale o tolleranza multiculturale. Il popolo che conquista impone e trasmette una cultura che diventa dominante attraverso leggi, controllo militare ed economico; Roma, dominando ha diffuso assieme alla lingua, la cultura del diritto, la scuola, le conoscenze tecniche, l'architettura, la cultura delle città. In contrasto con gli imperi e gli stati dispotici dell'area asiatica, Roma ha diffuso l'idea di Stato avente come base il popolo, e il concetto di cittadinanza romana che comporta tutti i diritti riconosciuti ai cittadini romani, cittadinanza conferita nel 200 d. C. all'intera popolazione dell'Impero. Ma Roma, a sua volta, interagendo con le popolazioni sottomesse, si modifica, risente del contatto e dall'interazione scaturisce la civiltà, la cultura romano-italica .

L'Italia dopo la caduta dell'impero romano è stata terra di conquista e di colonizzazione e la cultura latina ha interagito con civiltà differenti, da quelle barbariche /germaniche, alla cultura araba; nei secoli seguenti con le civiltà spagnola, francese, fino a quella asburgica di tempi più a noi vicini.

Oggi l'imperialismo ha modificato le sue forme, è divenuto un neocolonialismo di natura essenzialmente economica, ma in grado di dominare e guidare le scelte politiche, le alleanze, le opposizioni, le scelte culturali, le guerre nel mondo.

7. Uno studio di caso: migrazioni germaniche (V-VIII sec.), disgregazione dell'Impero romano d'occidente, formazione della cultura europea.

Prendiamo in considerazione il processo di interazione creatosi in Europa dal V al IX secolo d. C., quando lo scontro dell'Impero romano d'Occidente con le popolazioni germaniche, e la seguente formazione dei regni romano barbarici, determinarono la convivenza sul suolo dell'ex impero di popolazioni, di civiltà diverse e produssero in seguito una nuova civiltà romano barbarica differente dalla precedente, con evidenti elementi di continuità con il mondo latino e di novità attribuibili al mondo germanico. In questo periodo sono contemporaneamente presenti i tre fattori privilegiati di interazione individuati da Bentley, già citati.

«476 e 774 sono due date simboliche, attraverso le quali la genesi intellettuale dell'Europa assume i propri riferimenti cronologici nella storia dell'Italia. Nel 476 l'Impero romano, ridotto in Occidente quasi al solo territorio dal quale aveva cominciato la propria espansione più di sei secoli prima, perde il suo ultimo imperatore, Romolo Augustolo. La deposizione di quest'ultimo mette tuttavia solo provvisoriamente fine all'Impero d'Occidente, perché la restaurazione partita da Costantinopoli riaccende, per un breve periodo del VI secolo, un'immagine dell'orto romanus del secolo precedente. Nel 774 il re dei Franchi discende in Italia, rispondendo all'appello del papa Leone III, per frenare le ardenti ambizioni di espansione del regno longobardo e intraprende, di fatto, la conquista del Nord della penisola. Dal V all'VIII secolo l'Italia è stata dunque successivamente ostrogota, bizantina, longobarda, infine franca. (...) e la cultura, la lingua e la religione di Roma sono assimilate e rinvigorite da popoli che, per quanto siano anch'essi di origine indoeuropea, non sono tuttavia latini»[20].

A partire dall'VIII secolo il cristianesimo si è ormai affermato sia nel mondo latino che germanico; nello stesso tempo si assiste alla rinascita delle lettere latine in Occidente, alla nascita delle lingue romanze, con il loro riconoscimento come lingue scritte, così come avviene nelle lingue germaniche.

Per comprendere il processo di interazione avvenuto, riportiamo in sintesi le indicazioni e le interpretazioni dello storico Michel Banniard nell'opera citata nella nota precedente, riguardanti i fattori di diversità che possono aver provocato lo scontro; i fattori che hanno contribuito a favorire o rallentare il processo di interazione tra vinti e vincitori; infine la trasformazione effettivamente

---

[20] M. Banniard, *La genesi culturale dell'Europa V-VIII secolo*, Laterza, Bari, 1994, p. 6-7.

verificatasi da civiltà diverse con peculiarità proprie, in un insieme nel medesimo tempo omogeneo e differenziato: la nuova civiltà latino barbarica, a fondamento della civiltà dell'Europa di oggi.

7.1. Fattori di disgregazione che favoriscono lo scontro

La mescolanza etnica già presente nell'impero romano nel IV secolo per l'infiltrazione dei Germani entro il limes e i contatti di frontiera dei Romani con queste popolazioni, costituiscono importanti fattori di disgregazione sociale culturale. Con le invasioni germaniche l'impero subisce una disgregazione spaziale ma rischia anche un dissolvimento delle istituzioni centrali dello stato e di quelle presenti capillarmente sul territorio, che hanno retto per secoli l'impero.

Consideriamo alcune differenze particolarmente rilevanti tra etnie germaniche e popolazione romana:
- la diversità della lingua e dei sistemi di educazione;
- la struttura sociale germanica poco diversificata verticalmente in cui esistono i sudditi e un capo riconosciuto eletto dagli stessi. La contrapposizione è soprattutto tra il capo e i suoi sudditi Nella società romana invece esiste la distinzione tra potentes e humiliores, ma anche una grande massa di schiavi, milioni di persone completamente asservite e uomini liberi costretti a compiti ereditari;
- i popoli germanici abituati a grandi migrazioni hanno una notevole capacità di adattamento geografico; al loro confronto, le masse che abitano l'Impero sono ancorate alla terra, sia nelle grandi città, sia nelle campagne;
- presso questi popoli addestrati al combattimento, l'esaltazione del coraggio individuale è associata alla valorizzazione della forza fisica e delle attività sportive paramilitari. Nell'Impero romano l'esercito «popolare» è scomparso da un pezzo, sostituito da un esercito di professionisti.

- i Germani non costituiscono un tutto omogeneo, ma sono piuttosto aggregati di tribù, insiemi mobili, indisciplinati riottosi. I modi di vita sono differenti da tribù a tribù e ciò crea ulteriore frammentazione;
- le leggi e le usanze germaniche sono tramandate oralmente. Il diritto romano appartiene alla tradizione scritta; è universale, tutti i cittadini dell'Impero, in ogni luogo, vi sono soggetti, la sua applicazione si basa sul funzionamento rigoroso di tribunali che hanno sede in tutte le province.
- *«Lo scontro tra civiltà romana e mondo barbarico trova forse la sua massima espressione nel livello di contrapposizione tra le culture di popoli senza scrittura e una società per la quale i valori più importanti s'investono nella scrittura».*

Oltre ai fattori di disgregazione imputabili alle invasioni, erano già presenti nell'impero tardo antico profondi conflitti interni: tensioni sociali, politiche, dinastiche, che da tempo minavano gravemente la compattezza dell'impero e hanno contribuito alla crisi e alla caduta dell'impero. *«I fattori negativi che agiscono prima della caduta non cessano di esercitare un'influenza dopo di essa. L'insediamento dei regni barbarici non ha magicamente risolto i conflitti passati. Esso ne è stato la conseguenza, non il rimedio»*[21].

7.2. Fattori di continuità

- Sono da prendere in considerazione, per comprendere come si è verificato l'incontro e scontro tra queste culture, alcuni elementi che possono essere definiti preesistenti lo scontro e che sicuramente hanno favorito una continuità con il mondo latino

---

[21] M. Banniard, op. cit., p. 60.

e fornito la possibilità della conservazione di alcuni tratti caratterizzanti la latinità; furono elementi di una pre-assimilazione. Tra questi fattori, si ricorda che:

- i contatti tra i Romani e le popolazioni che si erano stanziate sulle terre di confine risalivano a secoli precedenti l'invasione; fin dal III secolo i Goti sui confini della Pannonia e i Franchi dalle rive del Reno commerciavano con gli accampamenti romani stanziati sul limes; esistevano inoltre accordi che regolavano fiere e mercati stagionali in territorio romano a cui potevano partecipare anche le popolazioni al di là del confine;
- si erano verificati sconfinamenti di gruppi di Germani entro il limes, già nei secoli precedenti. Spesso superata la fase violenta, l'impero stabiliva con i capi barbari trattati di convivenza, veniva concessa una terra dove i nuovi venuti potessero stabilirsi e governarsi con le loro leggi, assumendo in questo modo lo statuto giuridico di "federati" con il compito di sorvegliare i confini dell'impero. Le popolazioni latine presenti in quelle zone continuavano a dipendere e ad essere amministrate con le leggi dell'impero: le leggi romane e quelle barbariche cominciarono a coesistere e a funzionare nello stesso territorio;
- molti guerrieri germanici erano da tempo inseriti nei ranghi dell'esercito romano e alcuni vi avevano assunto anche ruoli di comando, come è successo per il generale Stilicone, vandalo di origine. «*I migliori cavalieri di Cesare, durante la conquista della Gallia, furono i suoi alleati germani. Non si tratta comunque di un evento eccezionale, perché l'assimilazione individuale è accompagnata in effetti da un'assimilazione collettiva*»[22];

---

[22] Idem, p. 62.

- i popoli germanici, al momento dell'invasione erano tutti, eccetto i Franchi, convertiti al cristianesimo e sebbene la loro adesione fosse recente e presenti elementi anomali e ritenuti eretici dalla chiesa di Roma, condividevano con il popolo romano certe strutture mentali e culturali, certi valori da lungo tempo appartenenti alla civiltà romana. Il cristianesimo era la religione di Roma, governata dai suoi vescovi, presenti e operanti in tutte le città;

- un fattore importante di continuità è rappresentato dalla esigua quantità numerica delle popolazioni straniere che dopo la conquista si stanziarono nei territori dell'impero; è stato calcolato che l'etnia germanica non raggiungesse nemmeno il 5%, (il 10% i Franchi) della popolazione complessiva dei territori. Sono una minoranza rispetto alla popolazione romana anche gli Ostrogoti che si stanziano nell'Italia del Nord e nel Lazio, e i Longobardi sempre in Italia del Nord e a Benevento. L'ostrogoto Teodorico fu il più fedele erede e continuatore della cultura romana. La legge "dell'osmosi" ha favorito una assimilazione della quota della popolazione meno rappresentata. Il processo di interazione «*si svolge, effettivamente, nel senso di un'acculturazione importante, non nel senso di una barbarizzazione della Romania, ma di quello di una romanizzazione della Barbaria*»[23];

- tutta l'organizzazione amministrativa dell'impero ha continuato a funzionare anche nei regni romano barbarici: immutati sono rimasti il sistema fiscale, il catasto, il sistema delle zecche, dotati di uffici, di un gran numero di intermediari e, soprattutto, con una contabilità e registrazione scritta molto accurate. Le leggi romane scritte e le usanze barbariche coabitavano nello stesso territorio restando in vigore rispettivamente per i due gruppi etnici;

---

[23] M. Banniard, op. cit., p. 64.

- la vita nelle città trascorreva con gli stessi ritmi e le stesse abitudini precedenti l'invasione, in Italia le forme e le modalità della vita materiale continuarono immutate almeno fino all'arrivo dei Longobardi nella seconda metà del 500. Gli scavi archeologici, le epigrafi e le testimonianze letterarie documentano che nelle città romane continuavano a essere in funzione le terme pubbliche, si svolgevano gare nei circhi e antichi palazzi erano stati rinnovati e resi di nuovo efficienti;
- l'architettura romana continuò a produrre capolavori: la chiesa di Santa Maria Maggiore a Roma, del V secolo; a Ravenna il mausoleo di Galla Placidia, della stessa epoca, la chiesa di Sant'Apollinare in Classe, e la tomba di Teodorico, del VI secolo;
- l'esistenza di scuole di retorica conferma che il sistema scolastico continuava a funzionare del tutto normalmente. Ravenna, Milano, Pavia, e soprattutto Roma, rimangono i luoghi più prestigiosi del sapere e della cultura. Le biblioteche pubbliche vi erano sempre aperte e letterati appartenenti alla più alta aristocrazia germanica, leggevano e ricopiavano le opere degli scrittori latini;
- «*Quando i regni barbarici s'insediano nel punto di svolta tra il V-VI secolo sono nelle mani di uomini già meno estranei alla civiltà tardo romana*»[24].

7.3. La trasformazione

La cultura e la civiltà latina e barbarica nel loro processo di interazione hanno prodotto una civiltà nuova rispetto alle precedenti, fortemente trasformata. «*Ogni contatto provoca eventi di evidente*

---

[24] Idem, p. 63.

drammaticità, ma il contatto è una delle grandi forze di cambiamento della storia del mondo. I contatti portano idee nuove talvolta enormemente creative e liberatorie. Ma possono anche minare tradizioni e identità preziose»[25].

Le principali novità sono dovute al fatto che cultura, lingua e religione di Roma sono assimilate e trasformate da popoli che non sono latini, fenomeno che traspare più evidente dall'VIII secolo.

- A partire dall'VIII secolo, in Europa le lingue romanze ampiamente parlate ottengono un riconoscimento come lingue scritte, nei documenti e nelle prime composizioni letterarie.
- Contemporaneamente la cultura romana, benché trasformata, non è stata cancellata né dimenticata; proprio nel VII-VIII sec. assistiamo alla rinascita delle lettere latine in Occidente. Ricordiamo la fondazione del monastero di Bobbio (614) nell'Italia del Nord, come un luogo di elaborazione culturale oltre che religiosa.
- La cristianità rinvigorita dall'apporto germanico rafforza struttura organizzativa ed elaborazione dottrinale che la rende in grado di affrontare le dispute teologiche e le eresie che le accompagnano. Le questioni religiose interessano la corte longobarda di Pavia, tanto è vero la regina Teodolinda si converte al cattolicesimo assieme al suo popolo, abbandonando l'eresia ariana.
- La società civile non riesce più a fornire grandi riferimenti e le dà il cambio la Chiesa. Il papato presenta allora nella duplice personalità romana e cristiana, di Gregorio I, una delle più illustri figure della cristianità, come emerge dall'epitaffio con cui egli viene definito "Console di Dio". Capo spirituale della Chiesa in uno dei momenti peggiori per Roma e per l'Italia, le

---

[25] F. Braudel, *Il Mediterraneo. Lo spazio la storia gli uomini le tradizioni*, Bompiani, Milano, 2003.p. 64.

invasioni longobarde, il papa risulta una figura di riferimento non solo religioso ma soprattutto culturale e letterario.
- La latinizzazione rapida di questi ultimi invasori agisce anche nel senso della continuità: quando nel 643 il loro re Rotari fa compilare e pubblicare una raccolta di leggi, queste sono completamente scritte in latino. Solo alcuni termini tecnici vengono adoperati nella loro originaria forma germanica. I Longobardi abbandonano velocemente la propria lingua per assimilare la nuova lingua romanza.

8. L'insegnamento della storia

Il percorso di conoscenza costruito sull'analisi dei momenti e delle modalità di interazione tra popoli e culture che hanno convissuto sul suolo italico dalle origini alla tarda antichità, stimola riflessioni sul mondo attuale circa le problematiche delle migrazioni e dei rapporti interculturali che ne conseguono.

Nel momento del contatto tra le civiltà quali fattori favoriscono oggi la nascita di una nuova cultura? I punti indicati non sono di certo esaustivi, ma vogliono essere da stimolo per ulteriori riflessioni e approfondimenti su alcuni aspetti come:
a) le leggi che stabiliscano uguali diritti e doveri ai membri di culture/civiltà diverse conviventi nel medesimo stato;
b) la compartecipazione nelle istituzioni di membri delle diverse culture, es: la scuola, luoghi di lavoro, l'esercito, gli ospedali, le istituzioni politiche, le comunità religiose, le organizzazioni culturali;
c) i matrimoni misti;
d) la condivisione linguistica che permetta la comunicazione;
e) la conoscenza e la mescolanza di abitudini alimentari, di modi e stili di vita;
f) la libertà per ogni etnia di seguire le proprie pratiche religiose nella linea di un dialogo interreligioso.

L'interazione funziona soprattutto nel rispetto reciproco e, come sostiene Amartya Sen, nel riconoscimento che abbiamo «*una comune appartenenza al genere umano*», ma, allo stesso tempo, rivendichiamo singolarmente pluri-identità di appartenenza; «*dobbiamo avere piena consapevolezza di possedere molte e distinte affiliazioni, e di poter interagire con ognuna di esse in molti e diversi modi; (...) siamo ogni uno diversamente differenti*»[26].

---

[26] A. Sen, *Identità e violenza*, Laterza, Roma- Bari, 2006, p. X.

Riferimenti bibliografici

Banniard M. (1994), *La genesi culturale dell'Europa V-VIII secolo*, Editori Laterza, Bari.
Bentley J. H. (1996), "Interazione culturale e periodizzazione nella storia mondiale", in *American Historical Rewiew*, giugno. Traduzione di Francesco Tadini in www.storiairreer.it/Materiali/Bentley_1996.htm
Braudel F. (2003), *Il Mediterraneo. Lo spazio la storia gli uomini le tradizioni*, Bompiani, Milano.
Braudel F. (1966), *Il mondo attuale*, Einaudi, Torino, vol. 1.
Cavalli Sforza L. (1997), *Geni, popoli e lingue*, Adelphi, Milano.
Huntington S. (2000), *Lo scontro di civiltà e il nuovo ordine mondiale*, Garzanti, Milano.
Garnsey P., Saller R. (2003), *Storia Sociale dell'impero romano*, Laterza, Roma-Bari.
Guilaine J. (2010), *Le radici del Mediterraneo e dell'Europa*, Jaca Book, Milano.
Livi Bacci M. (2010), *In cammino. Breve storia delle migrazioni*, il Mulino, Bologna.
Matvejevic P. (2006), *Breviario del Mediterraneo*, Garzanti, Milano.
Menozzi P., Piazza A. (1997), *Storia e geografia dei geni umani* Adelphi, Milano.
Sen A. (2006), *Identità e violenza*, Laterza, Roma-Bari.
Stearns P. N. (2005), *Atlante delle culture in movimento*, Bruno Mondadori, Milano.
Wallerstein I. (2006), *Comprendere il mondo. Introduzione all'analisi dei sistemi mondo*, Asterios editore, Trieste.

Le storie d'Italia tra programmi e manuali scolastici

di *Ernesto Perillo*

«*Oggi la nostra Italia è unita, libera, indipendente; ha per capo un Re italiano; è governata da Ministri italiani. La nostra bella bandiera spiega al vento i suoi tre fulgidi colori dalla Alpi, coperte di neve, alla Sicilia ed alla Sardegna, circondate dal mare. Guardate la carta dell'Italia di oggi: è tutta di un solo colore. E fuori d'Italia un Impero, l'Etiopico, obbedisce alla nostra legge.*
Ma quanto diverse e misere erano le condizioni della nostra Patria cento anni fa!
L'Italia è il più bel paese del mondo. Dalle cime maestose delle Alpi, sulle più alte delle quali brillano al sole i ghiacciai (fig. 24) si scende ai ridenti laghi, alle morbide colline, ai grandi prati e alle fertili campagne di una vasta pianura dove scorre il maggior fiume d'Italia, il Po (fig. 25). In questa pianura sorgono alcune delle più grandi città: Torino, dove regnavano i principi di Casa Savoia che liberarono l'Italia dagli stranieri e divennero re d'Italia (fig. 26): Milano, la città possente per industrie e commerci, che ha una delle più belle chiese (fig.27), il Duomo: Venezia, una delle più belle città del mondo, che pare sorga dall'acqua del mare nella laguna (fig. 28)».

Inizia con queste parole, rispettivamente la sezione di storia (a cura di Ottorino Bertolini) e di geografia (Luigi De Marchi) del Libro della III elementare, pubblicato nell' anno XVII dalla Libreria dello Stato.
Siamo nel 1938, all'apogeo del regime fascista.
Dietro e oltre questi incipit è possibile scorgere da una parte i lineamenti di un canone della storia insegnata come "biografia della nazione": «(...) *un lungo cammino dalle civiltà dell'antichità*

al tempo presente all'interno del quale attraverso la sapiente assegnazione di spazi temporali curricolari più o meno ampi, il potere politico selezionava una serie di rilevanze storiche –Roma, i comuni medievali, la "crisi della libertà in Italia" nel cinque-seicento, le rivoluzioni politiche del settecento, come prodromi del Risorgimento, l'Italia unita– che non solo venivano proposte come anelli di una catena processuale dotata di una sua esplicita teleologia, ma che trovavano nella contemporaneità il loro inveramento e il loro significato formativo»[1].

Dall'altra, gli elementi caratterizzanti il percorso conoscitivo dell'insegnamento della geografia nel quale «*nazionalismo, patriottismo, superiorità della razza italica, guerra, colonialismo furono i concetti chiave*»[2].

E oggi a più di mezzo secolo dalla caduta del regime, quale immagine dell'Italia, del suo territorio e della sua storia viene trasmessa dai manuali scolastici del nostro paese? Cosa apprendono i nostri studenti, quali conoscenze e quali finalità vengono di fatto perseguite nel raccontare il passato della nostra nazione? L' esigenza di inserire la vicenda italiana nel contesto europeo e mondiale se e come modifica la rappresentazione di questo passato?

Nelle pagine che seguono si cercherà di rispondere a questi interrogativi, a partire dall'analisi di alcuni sussidiari e manuali scolastici in uso nelle scuole italiani oggi. Non c'è la pretesa di proporre una fotografia completa ed esauriente del panorama editoriale scolastico, quanto quella più modesta di cogliere il profilo storico (e geografico) dell'Italia esaminando alcuni testi che possiamo supporre, con una qualche ragionevolezza, siano rappresentativi di un certo modo di presentare il passato nella scuola di oggi.

---

[1] A. De Bernardi, *Il canone della storia contemporanea nei manuali scolastici dall'unità alla repubblica,* http://www.sissco.it/fileadmin/user_upload/Pubblicazioni/collanasissco/
scuolauniversita/De_Bernardi.pdf

[2] G. De Vecchis G. A. Staluppi, *Fondamenti di didattica della geografia,* Torino, Utet, 1997, p.24.

L'Italia nelle indicazioni e nei programmi scolastici

Prima di iniziare il nostro viaggio nei manuali, è forse utile mettere a fuoco la collocazione che alla dimensione nazionale viene assegnata dalle indicazioni e dai programmi in vigore.

Per quanto riguarda il *primo ciclo di istruzione*, il testo di riferimento sono le Indicazioni per il curricolo del 2007[3]. Esse rappresentano una svolta rispetto ai precedenti documenti ministeriali[4] caratterizzati dall'idea del programma come elenco di contenuti da svolgere, l'assunzione di un paradigma eventografico e l'idea della storia come galleria di personaggi ed esempi illustri.

Radici, identità, caratteristiche specifiche erano gli obiettivi assegnati alla storia (e alla geografia) dalla riforma Moratti: «*c'è in questo modo il rischio concreto di indurre a intendere la storia soltanto come studio di supposte "origini" e di differenze tra società, con possibili effetti contrari all'educazione alla tolleranza che deve guidare il moderno cittadino europeo*»[5].

Radicalmente diverso è quanto stabilito dalle indicazioni del 2007 che come precisa Italo Fiorin «(…) *costituiscono il quadro di riferimento per la elaborazione del curricolo, ma non sono "il" curricolo*»[6].

In relazione all'area storico-geografica, tra gli altri vanno segnalati due elementi essenziali che sorreggono questo testo:
1. il riconoscimento dell'esistenza di un'area storico-geografia finalizzata alla conoscenza e allo studio delle società umane nella

---

[3] D.M. 31. 7. 2007.

[4] Il riferimento è alla riforma Moratti, D.L. 19 febbraio 2004, n.59, *Definizione delle norme generali relative alla scuola dell'infanzia ed el primo ciclo d'istruzione e relativi allegati*.

[5] W. Panciera, A. Zannini, *Didattica della storia. Manuale per la formazione degli insegnanti*, Le Monnier, Firenze, 2006, p. 91.

[6] I. Fiorin, *Indicazioni per il curricolo: un testo "aperto"*, in "Notizie della scuola", n. 2/3 anno XXXV 16 settembre-1 ottobre, 2007, Tecnodid, Napoli, p. 91.

loro dimensione spaziale e temporale. Storia e geografia sono quindi proposte nelle Indicazioni come discipline «*strettamente collegate fra loro e in continuità fra primaria e secondaria*» e strumenti indispensabili di apprendimento e orientamento del mondo attuale e delle «*questioni della modernità e della contemporaneità, socialmente vive e spazialmente differenziate*»[7];

2. l'enfasi sulle dimensioni cognitive, metacognitive e di consapevolezza critica delle due discipline: «*la conoscenza storica si forma e progredisce attraverso un incessante confronto fra punti di vista e approcci metodologici diversi (storici, archeologici, geografici, ecc.) (...)*».

E la gestoria d'Italia?

Le indicazioni del 2007 affrontano la questione in modo esplicito. Da una parte «*l'apprendimento della storia contribuisce all'educazione civica della nazione, perché permette agli allievi di conoscere il processo di formazione della storia italiana, europea e mondiale e di capire come si sono formati la memoria e il patrimonio storici nazionali. Al tempo stesso, la storia favorisce negli alunni la formazione di un "abito critico", fondato sulla capacità di interpretare le fonti e le conoscenze acquisite*».

Dimensione fondamentale di un'educazione alla cittadinanza attiva è dunque anche la conoscenza delle vicende e delle condizioni che hanno portato alla formazione dello stato nazionale nell'ambito di processi che vanno comunque ricondotti ai contesti europei e mondiali nei quali si sono realizzati. In questo quadro, ruolo essenziale della scuola è non rimanere subordinata e allineata al discorso pubblico e mediatico del passato nazionale, costruito per finalità che non coincidono con quelle della storiografia e che

---

[7] Dalle nuove indicazioni per il curricolo allegate al D.M. 31. 7., da cui sono tratte anche le successive espressioni tra virgolette.

trovano la loro motivazione nell'esaltazione dei temi delle radici, delle identità e delle tradizioni "inventate"[8].

Le indicazioni rivendicano e propongono quindi la funzione conoscitiva e critica dell'insegnamento della storia (anche nazionale) rispetto a quella di «*luogo di rappresentanza delle diverse identità*». Ed è proprio in una società e in una scuola multietnica e multiculturale come certamente è anche quella italiana di oggi che «*il ragionamento critico sui fatti essenziali relativi alla storia italiana ed europea (...) si rivela altamente positivo e costituisce una buona base per avviare il dialogo fra le diverse componenti di una società multiculturale e multietnica e permette di aprire la scuola a un confronto sereno ed educativo sui temi delle identità e delle differenze culturali*».

Dalle prime società neolitiche e protostoriche, alla colonizzazione greca, fenicia e poi all'unificazione romana, al periodo medievale e moderno, fino alla formazione dello stato nazionale ottocentesco e al mondo contemporaneo, la scala nazionale correlata con quella europea e mondiale consente di riconoscere il continuo rimescolamento di genti, di culture, di storie che caratterizzano il passato italiano, sollecitando lo studente a fare i conti con quella dimensione della complessità della storia già richiamata in precedenza.

L'insegnamento della geografia aggiunge a tutto questo la necessità di connettere la dimensione temporale a quella spaziale: «*occorre che, fin dalla scuola primaria,* [gli alunni] *siano abituati ad analizzare ogni elemento nel suo contesto spaziale, a partire da quello locale fino ad arrivare ai contesti mondiali. Il raffronto della realtà locale con quella globale, e viceversa, è possibile attraverso la continua comparazione di spazi, letti e interpretati a*

---

[8] "Per "tradizione inventata" si intende un insieme di pratiche, in genere regolate da norme apertamente o tacitamente accettate, e dotate di una natura rituale o simbolica, che si propongono di inculcare determinati valori e norme di comportamento ripetitive nelle quali è automaticamente implicita la continuità con il passato," in E.J. Hobsbawm, T. Ranger, *L'invenzione della tradizione*, Einaudi, Torino, 1987, p. 3.

scale diverse, servendosi anche di carte geografiche, fotografie aeree e immagini da satellite».

Le tracce leggibili del territorio, in primis quello locale e nazionale, sono quindi oggetto di conoscenza e riflessione critica attraverso la padronanza degli strumenti geostorici: ma questi segni sono anche beni del patrimonio culturale che la scuola contribuisce a conoscere, tutelare e salvaguardare.

Ambiente, territorio e paesaggio (anche nazionale) diventano contenuti di azioni e interventi progettuali degli studenti, ambiti di esercizio attraverso cui si manifesta la responsabilità di chi sa guardare anche verso il futuro in modo sostenibile e creativo.

Nella **scuola secondaria superiore**[9] verso la fine degli anni Novanta del secolo scorso si mette a punto un progetto di ristrutturazione complessiva del sistema scolastico italiano: il regolamento sull'autonomia delle istituzioni scolastiche (1999), la legge quadro sul riordino dei cicli dell'istruzione (2000), la redazione dei curricoli della scuola di base (2001) sono alcune delle tappe significative di questo processo.

La riforma Moratti (D.L. 17 ottobre 2005, n. 226) formalizza la creazione di due percorsi uno liceale (che comprende anche gli istituti tecnici) e l'altro professionale più direttamente finalizzato all'inserimento lavorativo.

Con riferimento all'insegnamento della storia nel Profilo educativo, culturale e professionale dello studente a conclusione del secondo ciclo del sistema educativo di istruzione e di formazione si afferma che lo studente sarà in grado di

«riconoscere in tratti e dimensioni specifiche della cultura e del vivere sociale contemporanei radici storico-giuridiche, linguisticoletterarie e artistiche che li legano al mondo classico e giudaicocristiano; riconoscere, inoltre, l'identità spirituale e materiale dell'Italia e dell'Europa, ma

---

[9] Si fa qui riferimento alla situazione dell'a.sc. 2009-10, precedente all'approvazione del D.P.R. 15 marzo 2010 n. 87, 88 e 89 sul riordino degli istituti professionali, tecnici e dei licei.

anche l'importanza storica e attuale dei rapporti e dell'interazione con altre culture;
(...) avere memoria del passato e riconoscerne nel presente gli elementi di continuità e discontinuità nella soluzione di problemi attuali e per la progettazione del futuro».

Per il sistema dei licei le competenze della storia sono quelle di

«*riconoscere nella civiltà contemporanea la permanenza di miti, personaggi, spiritualità, ereditati dalla civiltà greco-romana e, nello stesso tempo, saper evidenziare gli elementi di discontinuità tra quella civiltà e la nostra (...); conoscere le linee essenziali, gli avvenimenti ed i personaggi più importanti della storia del nostro Paese, inquadrandola in quella dell'Europa, a partire dalle comuni origini greco-romane e nel quadro più generale della storia del mondo; collocare la storia nei contesti geografici in cui si è sviluppata e cogliere le relazioni tra tempo, ambienti e società, nelle dimensioni locali, intermedie e globali».*

La scansione dei contenuti che all'interno dell'orizzonte di obiettivi e competenze sopra delineato viene proposta dalla riforma vede il «(...) *primato di una storia sostanzialmente eurocentrica e, prima ancora, italocentrica*»[10].

In sostanza, sembra che i programmi di storia delle scuole superiori continuino a perseguire la tradizionale finalità dell'insegnamento «*della storia come materia scolastica nella scuola pubblica all'indomani della nascita dello Stato nazionale e in funzione dello Stato nazionale; si trattava –com'è noto– dapprima di "fare gli italiani" e successivamente il "buon cittadino", di volta in volta secondo l'ottica liberale, fascista, democristiana, progressista*»[11].

---

[10] T. Detti, *Per una prospettiva di storia globale*, relazione al Convegno "L'insegnamento della storia nei licei: riflessioni della comunità degli storici sui nuovi programmi ministeriali ", Bologna, 24 giugno 2005. http://www.irre.toscana.it/cosmo/storia_globale_detti.pdf

[11] L. Vanzetto, "L'insegnamento dell' identità nei Programmi di storia (1860-2002)", in A. Casellato, L. Vanzetto (a cura di), *United Colors of Noialtri. Localismi e globalizzazione nel Veneto contemporaneo*, Istresco, Treviso, 2003, p. 66.

L'Italia nei sussidiari della scuola primaria

Cercheremo ora di comprendere se e come l'editoria scolastica e gli autori dei manuali siano in grado di tener conto di queste indicazioni. La nostra analisi prende l'avvio dalla scuola primaria.

Il sussidiario della classe terza[12] che stiamo esaminando presenta la seguente scansione tematica per la storia e la geografia:

Classe terza

storia	geografia
Il lavoro dello storico Nascita della terra Prime forme di vita Preistoria Paleolitico Neolitico	Orientamento Disegnare in pianta L'uomo e gli ambienti Varie tipologie di paesaggi: d'acqua, di fiume, di lago, di mare, di montagna etc.

Per comprendere come il testo costruisca la sua rappresentazione del passato conviene partire dall' esame di una pagina del sussidiario. Si tratta della descrizione delle prime società di allevatori e agricoltori che addomesticarono piante e animali: un processo che interessò in tempi diversi alcune aree del mondo e che segnò una rottura con il precedente modo di produzione e di vita dei gruppi umani. Per indicare la radicalità di questo cambiamento gli storici hanno usato l'espressione rivoluzione neolitica.

Ebbene come ce ne parla il sussidiario?

Soggetto del racconto sono gli uomini, l'uomo in generale senza nessun'altra specificazione.

Mancano anche le precisazioni di tempo e di spazio. Lo spazio rappresentato è quello elusivo di scenografie immaginarie che contribuiscono a collocare la descrizione in un tempo/luogo astratto

---

[12] E. Angiolini S. Bobbi, *Re Alafabeto 3. Storia e e geografia,* Minerva Scuola, Milano, 2008.

difficilmente riferibile alla realtà storica, una specie di *c'era una volta* molto simile al racconto fiabesco.

La descrizione si presenta ad una grado massimo di generalizzazione senza che sia possibile per il bambino comprendere le operazioni che la sorreggono, rafforzata dall'assenza, come abbiamo detto, di indicazioni spaziali e temporali precise: l'unico operatore usato è quello della successione (prima gli uomini erano cacciatori e raccoglitori, poi sono diventati allevatori e agricoltori).

Il racconto procede per grandi quadri che illustrano le condizioni di vita e di lavoro dei gruppi umani dei diversi periodi che caratterizzano il più lontano passato del mondo.

Nelle pagine dedicate alla storia si registra un' assenza totale di planisferi e carte: le indicazioni di luogo sono poche e di scarso significato. Mancando lo spazio vengono meno anche le contemporaneità, con il risultato che il bambino si costruisce una rappresentazione della storia del mondo come successione lineare di tappe evolutive: dall'australopiteco all'homo sapiens sapiens prima cacciatore e poi agricoltore/allevatore.

Paradossalmente, anche nella sezione dedicata alla geografia si nota la carenza di indicazioni spaziali: il focus tematico è rappresentato dalla descrizione delle diverse tipologie dei paesaggi, anche in questo caso affidate al solo disegno.

Sia nell'una che nell'altra sezione lo spazio dedicato all'Italia è sostanzialmente inesistente.

La penisola italica è citata una sola volta nella sezione di storia (in una pagina di esercizi) e così per la sezione di geografia (come esempio di rappresentazione, nella pagina dedicata appunto alla cartografia).

Alla fine, il nostro piccolo lettore, terminato lo studio del sussidiario, si costruisce legittimamente la conoscenza/convinzione che il paese nel quale vive (l'Italia, ma questa informazione manca nel testo) non sia stato interessato dai processi che hanno riguardato la storia del mondo, che tutto quanto è accaduto si sia svolto in un nonluogo e che l'Italia non abbia, quindi, un passato preistorico e neolitico. Così come avrà difficoltà a collegare i paesaggi astrattamente presentati nella sezione di geografia con il territorio in cui vive e ancora meno con gli spazi che caratterizzavano milioni e millenni di anni fa la vita delle società preistoriche e neolitiche di cui si parla nelle pagine di storia.

Con il sussidiario per le classi quarta e quinta[13] si entra a pieno titolo nella storia. La scansione tematica dei due volumi prevede per questa disciplina in quarta, dopo un capitolo introduttivo sulla storia del nostro pianeta e delle principali tappe dell'evoluzione della vita sulla terra, la trattazione delle civiltà dei fiumi (la civiltà della Mesopotamia, i Sumeri, i Babilonesi, gli Assiri, la civiltà egizia, la civiltà dell'Indo, la civiltà cinese) e le civiltà del Mediterraneo (gli ebrei, la civiltà dei fenici, la civiltà cretese, la civiltà micenea).

I temi di storia per la classe quinta sono la civiltà greca, la Magna Grecia, l'Italia antica, la civiltà etrusca, la civiltà romana (monarchia, repubblica, impero).

Alla penisola italica sono interamente dedicate le sezioni di geografia dei due sussidiari: per la classe quarta, si inizia con la conoscenza delle carte geografiche per poi passare alla scoperta dell'Italia fisica (clima, rilievi, pianure, acque e mari e coste, popolazione). Per la quinta i temi sono quelli dell'organizzazione politica ed economica dell' Italia per poi affrontare lo studio delle diverse regioni secondo una stessa griglia di lettura.

Le due tabelle seguenti consentono di analizzare il peso quantitativo del tema nazionale nell'insieme degli argomenti trattati.

---

[13] Gruppo di ricerca tredieci, *Ora so… Sussidiario delle discipline classe 4 e 5*, Editori Ardea-Tredieci, Treviso, 2007.

Storia

	Classe 4	Classe 5
Pagine complessive	84	86
Carte storiche in totale planisferi penisola italiana	10 1 quasi 3	15 0 10
Immagini della penisola italica	1 (i resti di Mozia)	124
Temi riferiti al passato della penisola italica	Colonie fenice: i nomi + localizzazione	Colonizzazione greca (VIII-VI a.C.): Magna Grecia I popoli dell' Italia antica Gli Etruschi Roma
Pagine dedicate al passato della penisola italica	Dieci parole	58 pagine circa (67%)

Geografia

	Classe 4	Classe 5
Pagine	70	80
Carte storiche in totale planisferi penisola italiana	19 1 18	35 1 34
Immagini della penisola italica	120 circa	700 circa
Temi riferiti alla penisola italica	La formazione dell'Italia Vari aspetti della geografia fisica dell'Italia	Italia in Europa Italia politica Il lavoro in Italia Le Regioni
Pagine dedicate alla geografia della penisola italica	63 circa (90%)	80 (100%)

Qual è l'immagine della storia e della geografia della penisola italiana che emerge dai due sussidiari?

In sintesi possiamo dire che:

- è assente l'informazione sul popolamento paleolitico della penisola italica;
- il popolamento protostorico dell' Italia arcaica (II millennio a.c.-VIII/VI sec. a.c.) viene presentato secondo lo stereotipo/racconto seguente: spostamento di genti indoeuropee alla fine del II millennio a. C. che muovendo dall'Asia centrale invadono la penisola, cacciando le popolazioni preesistenti e dando vita ai popoli che corrispondono più o meno alle regioni attuali (i Celti in Piemonte e Lombardia, i Veneti nell'Italia nord-orientale, Gli Etruschi in Toscana etc.)[14];
- il periodo del tardo antico (dal III al VII secolo d.C.) con il quale si chiude il racconto viene presentato con la categoria della decadenza, delle invasioni, del saccheggio e degrado della campagne e delle città, senza cenno alle radicali trasformazioni che furono alla base del nuovo assetto del mondo occidentale;
- debole/inesistente la contemporaneità tra civiltà, che quindi rende impossibile una riflessione /cognizione sulle relazioni tra società differenti;
- manca la relazione con il contesto mondiale, europeo e mediterraneo;
- manca la relazione tra fonti (in particolare le testimonianze archeologiche) e ricostruzione/narrazione storica;
- deboli i links alla scala locale;
- mancano informazioni sulla penisola italica in epoca romana: quali trasformazioni e tracce durature?
- assente la concettualizzazione di patrimonio culturale;

---

[14] «*Le ricerche degli ultimi decenni, invece, ci mostrano che la realtà fu molto diversa. Innanzitutto, non ci sono testimonianze di migrazioni di massa antiche. Al contrario gli scavi (tombe e resti di abitazioni) ci dicono che la penisola era disseminata di villaggi di varia grandezza. Alcuni erano molto grandi, abitati da migliaia di persone, ma nessuno riusciva a dominare una regione intera e a creare quello che noi consideriamo un "popolo" (...)*». A. Brusa, *L'atlante della storie. L'alfabeto della storia. La storia dalle origini dell'uomo alla fine del mondo classico*, vol.1, Palumbo editore, Palermo, 2010, p. 318.

- difficile la costruzione di un sistema di sapere con riferimento alle storie d'Italia;
- manca la storicizzazione dei contesti ambientali;
- manca la relazione tra contesti ambientali e aspetti della vita dei gruppi umani.

L'Italia nei manuali della scuola secondaria di primo grado

Esaminando l'indice dei tre volumi del manuale[15], è possibile farsi una prima idea di come le storie d'Italia siano presentate nella scuola media.

Per ciascun volume è stato riprodotto l'indice (in **neretto** i capitoli che riguardano esclusivamente o prevalentemente le storie d'Italia; segnalati con ** i capitoli che hanno solo alcune informazioni sulle storie d'Italia).

Vol. 1 Storia medievale

Avviamento allo studio della storia
Un archivio del mondo antico: i greci e i romani
1. Nell'impero romano in crisi si diffonde il cristianesimo
2. Oriente e occidente: due storie diverse
3. **L'Europa occidentale nei primi secoli dell'alto medioevo**
4. Una nuova religione monoteista: l'islamismo
5. Nasce un nuovo impero: cristiano ed europeo
6. L'Europa in età feudale
7. Prende forma una nuova Europa
8. La chiesa e il papato fra alto e basso medioevo
9. La ripresa economica e l'espansione dell'Europa cristiana
10. **I comuni medievali: le nuove città stato**
11. **Difficili rapporti tra chiesa, impero, comuni**
12. La crisi del XVI
13. Si formano in Europa le monarchie nazionali
14. **L'Italia degli stati regionali**
15. Oltre l'Europa: popoli e imperi dell'Asia
16.

---

[15] S. Paolucci, G. Signorini, *L'ora di storia,* vol. 1, 2, 3, Zanichelli, Bologna, 2004.

Vol. 2 Storia moderna

1. **L'età del rinascimento**
2. L'Europa alla scoperta e alla conquista del mondo
3. Economia e politica nell'Europa del Cinquecento
4. Riforma protestante e riforma cattolica
5. Un'età di contrasti
6. Due modelli di stato: assoluto e costituzionale
7. La rivoluzione scientifica nel seicento
8. La rivoluzione industriale
9. L'età dell'illuminismo
10. La rivoluzione americana: nascono gli stati uniti
11. La rivoluzione francese
12. L'età napoleonica
13. L'età della restaurazione
14. **Il risorgimento italiano**
15. L'affermazione della società borghese e industriale
16. **L'Italia dopo l'unità**
17. La seconda rivoluzione industriale

Vol. 3 Storia contemporanea

1. Fra Otto e Novecento scienza e tecnica rinnovano il mondo
2. Fra democrazia e nazionalismo
3. Le grandi potenze si spartiscono il mondo **
4. La grande guerra **
5. Dopoguerra senza pace
6. **I totalitarismi: il fascismo in Italia**
7. I totalitarismi: stalinismo e nazismo
8. La seconda guerra mondiale **
9. Dalla catastrofe all'età dell'oro
10. Il nord e il sud del mondo
11. Nuove potenze e antiche civiltà: l'India e la Cina
12. Il medio oriente islamico. Le guerre d'Israele
13. **La repubblica italiana**
14. Cambia la carta geografica dell'Europa

Il profilo complessivo dei temi di storia italiana dal medioevo ai giorni nostri che si snoda lungo i tre volumi in esame è rappresentato dal grafico seguente[16]:

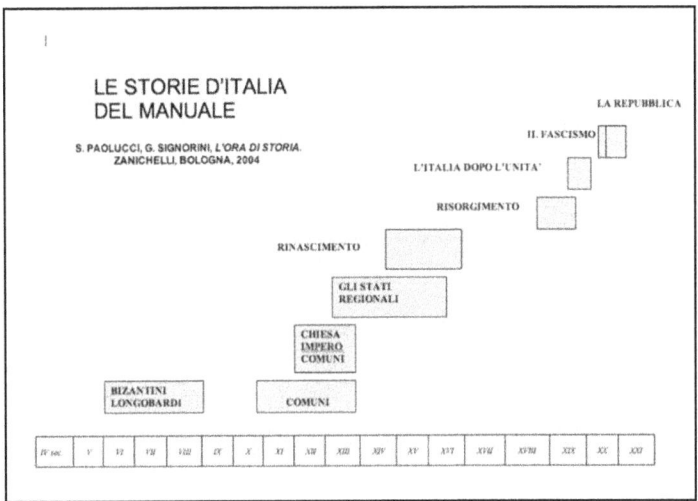

Osservazioni:

- le storie d'Italia sono narrate all'interno della cornice europea: manca la dimensione mondiale e locale;
- intermittenza tematica delle storie d'Italia;
- prevale la tematizzazione della storia politica;
- si privilegia la dimensione del racconto cronologico e della breve durata;
- manca la prospettiva sistematica e ricapitolativa dei grandi processi di trasformazione e delle permanenze;
- le conoscenze storiche non sono messe in relazione con il presente e/o con il contesto;
- inesistenti i links alle educazioni.

---

[16] Ciascun rettangolo rappresenta un capitolo del manuale dedicato alle storie d'Italia.

I manuali della scuola secondaria superiore

Cominciamo dal biennio[17].

Come per i testi precedenti, per ciascun volume è stato riprodotto l'indice (in **neretto** i capitoli che riguardano le storie d'Italia; segnalati con ** i capitoli che hanno solo alcune informazioni sulle storie d'Italia). Sulla colonna di destra l'elenco dei temi del dossier di immagini a corredo di ciascun volume.

Vol. 1 Il mondo antico	
Indice dei temi	Dossier delle immagini

1. La Preistoria e le più antiche civiltà
  a. La presistortia e l'evoluzione della specie, le origini della cultura
  b. La terra, l'acqua, le città: la Mesopotamia e l'Egitto
  c. La terra di Canaan
  d. Cretesi e micenei
2. Il mondo greco
  a. La formazone della polis e la seconda colonizzazione **
  b. L'evoluzione delle città greche e lo scontro con la Persia
  c. L'egemonia di Atene e la guerra del Peloponneso
  d. Il tramonto delle città greche e l'età ellenistica
3. Il mondo romano
  a. **L'Italia, una penisola plurale**
  b. **La conquista dell'Italia e l'ordinamento della repubblica**
  c. **Il lungo secolo dell'imperialismo romano**
4. Dalla Repubblica all'impero
  a. **La lunga notte della repubblica**
  b. **Giulio Cesare: il dittatore democratico e i suoi nemici**
  c. **L'impero senza imperatore: la soluzione augustea**
  d. **Il dominio e la libertà. L'impero romano da Tberio ai Severi**
	L'antico intorno a noi
	1. Ebla, antica regina dei commerci
	2. Le meraviglie di Babilonia
	3. Il palazzo di Cnosso
	4. **La valle dei templi, meraviglia di Agrigento**
	5. Persepoli, simbolo della potenza di Dario
	6. L'armonia e la forza: la nuova acropoli
	7. L'altare di pergamo, capolavoro dell'arte ellenistica
	8. Leggere la storia attraverso il mito, la tomba François
	9. **Leggere la storia attraverso il mito, la tomba François**
	10. **I romani ingegneri: le strade e i ponti**
	11. **La villa di Settefinestre**
	12. **I romani ingegneri: gli acquedotti**
	13. **Il giardino in una stanza: la villa di Livia**
	14. Le tombe rupestri di Petra

[17] M. Bettini, M. Lentano, D. Puliga, *Tempo e racconto. Il mondo antico, il mondo medievale,* Bruno Mondadori, Milano, 2007.

Vol. 1 Il mondo medievale	
Indice dei temi	Dossier delle immagini

1. <u>La fine del mondo antico</u>
   a. Fra crisi e trasformazioni: il tardo antico **
   b. L'altro Romolo: crisi e caduta dell'impero d'occidente**
2. <u>Tra Mediterraneo e l'Europa</u>
   a. **L'ingresso silenzioso del medioevo**
   b. **Dall'italia dei longobardi all'Europa di Carlo Magno**
   c. L'altro mediterraneo. La nascita dell'Islam
3. <u>La società feudale</u>
   a. Tra terra e cielo**
   b. Vigilia di millennio**
   c. La rinascita dell'Europa
4. <u>Apogeo e crisi del medioevo</u>
   a. L'età delle sperimentazioni **
   b. Rivoluzione commerciale e nuovi orizzonti culturali**
   c. Le radici dell'Europa moderna**
	<u>L'antico intorno a noi</u>
	1. Immagini per una nuova fede
	2. **Immagini di un mondo che sta per finire**
	
	<u>Il medioevo intorno a noi</u>
	3. La basilica di santa Sofia
	4. La cappella palatina di Aquisgrana
	5. Fusioni di stili e tradizioni
	6. La cupola della roccia a Gerusalemme
	7. Fra terra, fiume e mare
	8. Quando il territorio parla
	9. La via di Santiago
	10. **Il broletto tra funzione e simbolo**
	11. Mezquita, da moschea a chiesa

Molte delle osservazioni fatte in precedenza sono riferibili anche a questo manuale. Significativa la scheda *Quando nasce l'Italia*[18] che vale la pena analizzare perché consente di comprendere un certo modo di rappresentare il passato delle penisola italiana. Partendo dall'esame di alcune monete del I sec. a.C. recanti la scritta *Italia* e *Viteliu* o *Vitelliu* (Italia nel dialetto osco) gli autori sostengono che:

«*(...) durante la guerra sociale*[19]*, per la prima volta, il concetto di «Italia» smise di essere una semplice denominazione sociale e passò ad indicare un insieme di genti diverse, ma unite da un legame che le faceva in qualche modo sentire un **popolo**, legato a **interessi e obiettivi comuni** [neretto nel testo]*»[20].

La nota continua ricapitolando in estrema sintesi le vicende successive (unificazione della penisola italica, costruzione dell'impero,

---

[18] Ibidem, vol. 1, pag. 327.
[19] 91-89 a.C.: vide lo scontro tra gli alleati italici contro i romani per ottenere la cittadinanza.
[20] Ibidem.

crollo dello stesso, lunghissimo periodo degli antichi stati italiani spesso dominati dagli stranieri) per arrivare alla metà del XIX secolo e quindi al Risorgimento.

«Gli intellettuali che lo animavano si richiamarono proprio al passato di Roma, per sostenere l'idea che gli italiani, al di là di una millenaria storia di divisioni, appartenevano ad un'unica cultura e avevano il diritto-dovere di creare una sola patria. Si trattava dunque di chiudere un ciclo. Di porre fine ad una lunghissima parentesi e tornare, quasi duemila anni di distanza, al senso di unità che aveva spinto gli italici a incidere la scritta *Italia* sulle loro monete [corsivo nel testo]»[21].

Cos'è che non funziona in questo racconto?

Il fatto che si legano insieme con lo stesso filo gli italici insorti contro i romani nel I secolo a.C. e i patrioti risorgimentali, dentro un'unica cultura, una sola patria, l'identica Italia.

In particolare, con riferimento alla situazione della penisola italica sotto il dominio romano può essere utile ricordare in sintesi le considerazioni dello storico G. Galasso[22]:

- se da una parte è possibile riconoscere una particolarità italica in seno all'impero romano, non si può considerare l'organizzazione data da Roma all'Italia peninsulare (nei diversi periodi della sua storia) come già si trattasse di una configurazione di una unità nazionale del paese «*interpretabile; per qualsiasi aspetto, in chiave moderna o pre-moderna*».
- L'assetto dello stato romano nella sua espansione in Italia non era quello di una «*nazionalità di respiro peninsulare, ma –se così si può dire– una nazionalità cittadina (romana)*».
- Le rivendicazioni degli italici «*difficilmente possono essere valutate come fondate sulla spinta alla costruzione di uno Stato nazionale o addirittura di tipo nuovo*».

---

[21] Ibidem.
[22] G. Galasso, *L'Italia contemporanea come problema storiografico*, Utet, Torino, 1991, pp. 23 e seg.

- La coalizione che si batteva contro Roma non comprendeva tutti *i socii* di Roma e non rappresentava una organizzazione politicamente e culturalmente omogenea.
- La suggestione nazionale non può essere riferibile né Roma che guardava allo «*Stato imperiale, "universale", secondo il modello delle grandi esperienze mediterranee e orientali*», né agli Italici insorti.

È possibile riconoscere in questo approccio al passato la logica che secondo A.M. Banti ha presieduto alla costruzione del canone risorgimentale («*il complesso di opere che più contribuirono, nell'esperienza dei patrioti, a fondare l'idea di nazione italiana*»)

«Il punto è che –nei testi del "canone" almeno– i fatti storici di cui si parla, dotati tutti della loro storicità (…), acquistano un senso in quanto *figure*, ovvero anticipazioni di un evento che deve ancora compiersi, il riscatto della nazione, della cui storia sono comunque testimonianza [corsivo nel testo]»[23].

In sintesi, la tesi è quella che lo stesso A.M. Banti definisce come «*essenzialismo perenne, secondo il quale un'identità nazionale italiana esiste da secoli e secoli*»[24].

Il triennio della scuola secondaria superiore

La scansione cronologica dei tre volumi[25] che sono stati esaminati si articola in tre segmenti temporali:
- Vol. 1. Dalla crisi del Trecento alla metà del Seicento
- Vol. 2. Dalla metà del Seicento alla fine dell'Ottocento

---

[23] A. M. Banti, *La nazione del Risorgimento. Parentela, santità e onore alle origini dell'Italia unita*, Torino, Einaudi, 2000, p. 76.
[24] A. M. Banti, "Nazionalismi e neonazionalismi nella storia d'Italia", in *Limes. Rivista italiana di geopolitica*, n. 2, 2009, Gruppo Editoriale L'Espresso, Roma, p. 113.
[25] M. Palazzo, M. Bergese, A. Rossi, *Storia Magazine. Corso di storia per il triennio delle scuole superiori*, vol. 1, 2 ,3, Ed. La Scuola, Brescia, 2009.

- Vol. 3. Il Novecento e l'inizio del XXI secolo.

Anche in questo caso, per ciascun volume è stato riprodotto l'indice e in **neretto** sono stati evidenziati i capitoli che riguardano più specificatamente le storie d'Italia; segnalati con ** i capitoli che hanno solo alcune informazioni sulle storie d'Italia).

Vol. 1. Dalla crisi del Trecento alla metà del Seicento

A. *Dalla crisi del trecento al rinascimento*
Atlante
   1. La rinascita economica dell'Occidente
   2. La crisi del Trecento
   3. Monarchie e imperi nell'Europa del Basso medioevo
   4. La debolezza dell'are italiana
   5. La civiltà rinascimentale
   6. L'espansione dell'Occidente
 	
B. *La prima età moderna*
Atlante
   1. La crisi religiosa
   2. La Riforma protestante
   3. La Riforma cattolica e la Controriforma**
   4. Carlo V e la fine della libertà italiana
   5. L'Europa della seconda metà del Cinquecento
   6. Il Seicento: il secolo del ribaltamento degli equilibri.

Vol. 2. Dalla metà del Seicento alla fine dell'Ottocento

A. *L'antico regime*
Atlante
   1. L'Antico regime
   2. Due Europe tra Seicento e Settecento
   3. La primavera dei lumi
   4. La rivoluzione francese
   5. L'Età napoleonica
   6. La prima rivoluzione industriale
 	
B. *L'Ottocento*
Atlante
   1. Restaurazione e opposizione
   2. I moti degli anni Venti e Trenta**
   3. Le rivoluzioni del 1848
   4. L'unificazione italiana e tedesca
   5. L'Italia nell'età della Destra e della Sinistra storica
   6. La seconda rivoluzione industriale
   7. Le grandi potenze
   8. La spartizione imperialistica del mondo

Vol. 3. Il Novecento e l'inizio del XXI secolo

A. *Il primo Novecento*
Atlante
1. La società di massa
2. **L'età giolittiana**
3. La prima guerra mondiale**
4. La rivoluzione russa
5. **Il primo dopoguerra**
6. **L'Italia tra le due guerre. Il fascismo**
7. La crisi del 1929
8. La Germania tra le due guerre: il nazismo
9. Il mondo verso la guerra
10. La seconda guerra mondiale**

B. *Dal secondo dopoguerra ai giorni nostri*
Atlante
1. Le origini della guerra fredda
2. La decolonizzazione
3. La distensione
4. **L'Italia repubblicana: dalla ricostruzione agli anni di piombo**
5. L'economia mondiale dal dopoguerra alla globalizzazione
6. Il mondo nel terzo dopoguerra
7. **La crisi della prima Repubblica**
Il mondo attuale: atlante dei rischi e delle opportunità

Alcuni degli elementi caratterizzanti la proposta di questo manuale possono essere indicati in questi punti:
1. La contestualizzazione della storia europea e italiana in una dimensione mondiale. In apertura di ciascuno dei sei tomi in cui si articolano i tre volumi, la sezione dell'*Atlante,* attraverso carte tematiche e brevi testi, dà conto dei grandi processi storici e dei contesti planetari del periodo considerato[26].

---

[26] L'*Atlante* del primo tomo, ad esempio, riguarda il periodo che nella storia europea viene denominato come Alto Medioevo, tra il VIII e il X secolo. La carta tematica iniziale mostra la situazione del mondo, caratterizzata in quel tempo dalle grandi migrazioni dei popoli nomadi che, per quanto riguarda l'Europa con la caduta dell'impero romano d'occidente, diedero vita ad una nuovo assetto politico, sociale, economico e culturale della storia del nostro continente. Nelle altre mappe si illustra la situazione del l'Asia, dell'Africa, dell'America e dell'Oceania. Fino al X secolo il nostro continente fu sostanzialmente ai margini della storia mondiale dominata dal protagonismo dell'impero cinese e di quello islamico; la situazione cambiò radicalmente tra l'XI e il XVI secolo con la rinascita e lo sviluppo straordinario dell'Europa occidentale.

2. La presentazione anticipata dell'intero periodo in esame attraverso:
   a. una problematizzazione guida[27] che si articola in sotto-problemati-zzazioni specifiche per ciascuna delle diverse unità, con lo scopo di dare senso e orientamento allo studio dei vari temi;
   b. una linea del tempo che sintetizza periodi e principali eventi;
   c. la ricostruzione dell'insieme complesso delle trasformazioni del periodo con riferimento alla storia europea e italiana, per mezzo di una mappa concettuale temporalizzata, carte tematiche e icone dei personaggi chiave.
3. Ogni unità tematica è introdotta dalla rubrica *Prima/Dopo* che consente di cogliere le principali trasformazioni relative al tema individuato, si chiude con un dossier sulle *eredità* che legano il periodo in esame al presente e con un *laboratorio* nel quale vengono proposti testi storiografici e documenti insieme a domande per sviluppare capacità di comprensione, contestualizzazione, approfondimento e comparazione con il presente.

Quelli sopra indicati sono in sostanza strumenti e conoscenze con le funzioni di:
- contestualizzazione;
- orientamento spaziale e temporale in funzione anticipatrice delle conoscenze;
- focalizzazione tematica sui grandi processi di trasformazione del periodo in esame;
- problematizzazione della narrazione e del racconto di ricostruzione del passato;

---

[27] La questione centrale posta nel primo tomo del vol. 1 è la seguente: "Nell'arco di cinque secoli, dunque, l'Europa ribaltò a suo vantaggio i rapporti di forza tra le diverse aree di civiltà: come si realizzò questo ribaltamento e quali fattori lo consentirono?" in M. Palazzo, M. Bergese, A. Rossi, *Storia Magazine. Corso di storia per il triennio delle scuole superiori*, vol. 1a, Ed. La Scuola, Brescia, 2009, p. 18.

- raccordo tra passato e presente, attraverso frequenti proposte di comparazione e riflessione su eredità, continuità e rotture.

In questa cornice si inserisce anche la presentazione delle vicende storiche che riguardano più da vicino il passato dell'Italia. Essa si snoda dentro lo spazio europeo che in qualche modo è il vero soggetto del racconto.

Esaminiamo a titolo esemplificativo il primo tomo del Vol.1: cenni alla situazione della nostra penisola sono presenti nelle varie unità ma come esempi/casi "locali" di fenomeni che hanno avuto un respiro più ampio[28].

L'Italia diventa invece tema centrale in due unità: quella (unità 4) dedicata alla nascita degli stati regionali dopo il periodo comunale, e la successiva (unità 5) sulla civiltà rinascimentale che nella indiscutibile dimensione anche europea ebbe nel nostro paese il suo centro e nella città di Firenze uno dei luoghi più importanti di elaborazione culturale e scientifica.

Da segnalare anche i percorsi che affrontano i temi relativi alla cittadinanza e alla costituzione[29].

---

[28] Esempi: la situazione della campagne e delle città della penisola italica letta dentro la crisi generale dell'impero romano e del tardo antico (nel paragrafo sulla crisi economica dell'impero, dopo aver descritto il momento più duro di crisi dell'Occidente nel VI e VII secolo, si afferma che "Nelle aree dov'era più forte l'influenza germanica la regressione fu ancora più pesante. Nell'Italia longobarda, per esempio, si tornò ad una economia prevalentemente pastorale (...) (p. 30); parlando della rinascita urbana a partire dall'anno Mille si fa riferimento anche alla nascita delle università in Europa e si citano quelle di Salerno e di Bologna, accanto a quelle di Parigi, Oxford, Cambridge. (p. 45.)

[29] Questo l'elenco degli itinerari su cittadinanza e costituzione nei sei tomi:
L'origine dello stato moderno
Tolleranza e intolleranza
I diritti dei cittadini
I diritti delle nazioni e la società industriale
Democrazie e totalitarismi
La costituzione italiana e gli organismi internazionali.

Essi sono organizzati attorno ad un aspetto centrale dei temi trattai nei sei tomi con lo scopo di mettere in relazione le conoscenze e le concettualizzazioni storiche con la dimensione dell'educazione alla cittadinanza attiva.

Nel primo tomo, ad esempio, l'itinerario è centrato sul tema della costituzione dello Stato moderno che è alla base dell'organizzazione statuale come la concepiamo ancora oggi. La riflessione sull'origine e l'evoluzione dello Stato consente di affrontare alcuni snodi cruciali: i mezzi e i dispositivi per costruire la dimensione geografico-territoriale, gli strumenti per l'esercizio della sovranità, l'affermazione della ragion di Stato come nuova ideologia. E all'interno di questo quadro l'analisi del caso italiano nel quale la costruzione della Stato nazionale ebbe un percorso diverso da quello delle altre monarchie europee.

Il percorso di conclude, infine, sugli interrogativi che riguardano la funzione dello Stato nazionale oggi, lacerato tra processi di globalizzazione e di frammentazione localistica.

Considerazioni conclusive

> *«Come è noto, la storia raccontata dai manuali è stata costruita, nella prima metà del XX secolo, attorno a grandi miti collettivi che fungevano da soggetto unificante del discorso narrativo. L'identità collettiva nazionale era uno degli elementi portanti della narrazione manualistica»*[30].

Un'identità che per quanto riguarda l'Italia, sostiene lo storico Umberto Baldocchi, si era strutturata sul mito della nazione in fase di risorgimento o rinascita, attorno a cui «*la narrazione funzionava*

---

[30] Umberto Baldocchi, *Il manuale di storia tra modernità e post-moderno. Note e riflessioni a margine di una ricerca comparativa su alcuni testi scolastici italiani e francesi della seconda metà del XX secolo*, 2004.
http://www.sissco.it/fileadmin/user_upload/Pubblicazioni/collana-sissco/scuolauniversita
/Baldocchi.pdf

selezionando e collegando tra loro fatti, fenomeni ed eventi, entro una struttura che era sempre più complicato alterare»[31], dando luogo a paradigmi didattici e tradizioni manualistiche che hanno resistito nel tempo.

Nei paragrafi precedenti abbiamo cercato di mostrare come, a partire dall'esame di alcuni sussidiari e manuali, questa tradizione manualistica in realtà continui a resistere o sia invece superata e sostituita da proposte e indicazioni innovative.

Un quadro che, scontando l'esiguità dei manuali esaminati, ha comunque messo in evidenza logiche e modalità di costruzione della rappresentazione del passato e degli intrecci tematici e narrativi in cui si inserisce anche il passato della penisola italiana.

Ne emerge la necessità, anche per il tema delle storie d'Italia insegnate, da parte degli autori dei manuali e dei docenti di abbandonare il canone tradizionale di storia generale e di storia nazionale dentro questo contenitore, di fare riferimento ai risultati della ricerca storica, di costruire a partire da questi, rappresentazioni del passato anche nazionale, in grado di sostenere e facilitare una (mediazione) didattica realmente diversa, storiograficamente affidabile e cognitivamente significativa, di superare la storia degli eventi da memorizzare per una storia dei fatti storiografici da discutere, interpretare, connettere tra di loro e con il presente.

Perché, in sintesi, l'introduzione degli allievi alla storia «*non sia molto simile a un viaggio nel regno dei morti*»[32], quanto piuttosto apprendimento vivo del tempo, delle complesse vicende umane che nel tempo si sono snodate e dei suoi possibili significati per noi, oggi. Anche in riferimento all'Italia e al suo passato.

---

[31] Ibidem.
[32] P. Bevilacqua, *Sull'utilità della storia per l'avvenire delle nostre scuole*, Donzelli, Roma, 1997, p.18.

Riferimenti bibliografici

Banti A. M. (2000), *La nazione del Risorgimento. Parentela, santità e onore alle origini dell'Italia unita*, Einaudi, Torino.
Bevilacqua P. (1997), *Sull'utilità della storia per l'avvenire delle nostre scuole*, Donzelli, Roma.
Bosco G., Mantovani C. (a cura di) (2004), *La storia contemporanea tra scuola e università. Manuali, programmi, docenti*, Rubettino Editore, Soneria Mannelli (Cz).
Casellato A., Vanzetto L. (a cura di) (2003), *United Colors of Noialtri. Localismi e globalizzazione nel Veneto contemporaneo*, Istresco, Treviso.
Cavalli A. (a cura di) (2005), *Insegnare la storia contemporanea in Europea*, il Mulino, Bologna.
De Vecchis G., Staluppi G. A. (1997), *Fondamenti di didattica della geografia*, Utet, Torino.
Di Pietro G. (1991), *Da strumento ideologico a disciplina formativa. I programmi di storia nell'Italia contemporanea*, B. Mondatori, Milano.
Galasso G. (1991), *L'Italia contemporanea come problema storiografico*, Utet, Torino.
Genovesi P. (2009), *Il manuale di storia in Italia. Dal fascismo alla Repubblica*, FrancoAngeli, Milano.
Hobsbawm E. J., Ranger T. (2006), *L'invenzione della tradizione*, Einaudi, Torino.
Panciera W., Zannini A. (2006), *Didattica della storia. Manuale per la formazione degli insegnanti*, Le Monnier, Firenze
Procacci G. (2005), *Carte d'identità. Revisionismi, nazionalismi, fondamentalismi nei manuali di storia*, Carocci, Roma.

PARTE SECONDA
Le storie d'Italia insegnate

Avviare alle storie d'Italia nella scuola dell'infanzia e primaria

di *Luciana Coltri*

Mia nipote, che vive a Parma, quando aveva 5 anni, sentendomi parlare mi chiese «*tu nonna parli in modo strano, sei italiana o di Brescia?*». I bambini di prima primaria che abitano a Gussago (in provincia di Brescia) alla domanda «*Voi bambini siete italiani?*» in coro rispondono "*sì*", ma alla domanda: «*il paese dove abitate è in Italia?*» la risposta è molto incerta. Questi due esempi servono a dimostrare come i bambini, fin dall'età dell'infanzia, siano interessati a capire dove vivono e a quale gruppo sociale appartengono ma mostrano anche la mancanza di riferimenti concettuali utili a trovare risposte soddisfacenti. Compito della scuola, che si fa carico di formare i futuri cittadini, è quello di dare soluzioni per risolvere queste incertezze e costruire nei bambini un pensiero che li porti alla consapevolezza che vivono in Italia e che l'Italia così come è oggi con il suo territorio, i suoi modi di vivere e le sue tradizioni diversi dal nord al sud, sono il risultato di una storia plurimillenaria. È la costruzione dell'idea dell'Italia e del suo passato che deve essere assunta nella prospettiva dello studio delle storie d'Italia.

Allora: «*Quali conoscenze e quali concetti metterebbero a loro agio i bambini che devono leggere, capire e apprendere le conoscenze relative alle storie d'Italia?*», e di rimando, sul piano della progettazione dell'insegnamento, «*quali argomenti e quali scelte metodologiche diventano funzionali per attivare queste conoscenze nella scuola dell'infanzia e nella scuola primaria?*».

La mia proposta intende dare risposte alle due domande che servono a capire come progettare un curricolo che includa tra le sue maglie le conoscenze che riguardano le storie d'Italia, non come un curricolo collaterale ma come naturale curvatura di alcune scelte tematiche.

In quest'ottica la parola "avviare", contenuta nel titolo, non può essere relegata a indicare solo le fasce d'età dei bambini dell'infanzia e delle prime classi della primaria ma serve a sottolineare come la conquista della conoscenza delle storie d'Italia abbia bisogno di basi concettuali per essere realizzata e di procedure adeguate che sono ispirate alla didattica dei copioni e alla didattica dei quadri di civiltà.

Copioni d'Italia

«Il bambino percepisce e partecipa agli eventi [*della vita quotidiana e scolastica*] e costruisce delle rappresentazioni mentali relative alle azioni, agli agenti e agli oggetti qualificanti, oltre che alle relazioni spaziali e temporali tra di essi. La teoria [*di K. Nelson*] postula che queste rappresentazioni vengano progressivamente trasformate in una struttura cognitiva, lo script [*in italiano, copione*], la quale a sua volta guida la comprensione delle esperienze successive»[1].

«Un copione è una sequenza casuale che descrive le interazioni di un numero di concetti diversi –gente, posti e cose– organizzati intorno ad un nucleo, per es, il mangiare, a casa o in un ristorante, o il comprare cibo in un negozio. La conoscenza dei copioni (*scripts*)

---

[1] M. C. Levorato, *Racconti, storie e narrazioni. I processi di comprensione dei testi*, Il Mulino, Bologna, 1988, p. 245. Le interpolazioni sono mie.

per eventi ricorrenti permette al bambino (*e all'adulto*) di prevedere il che cosa, il quando, il chi nelle situazioni abituali»[2], ma anche, andare in piscina, frequentare l'oratorio, andare al cinema e sapersi comportare nelle diverse occasioni della vita familiare e sociale. Infatti, i copioni riguardano anche i comportamenti e perciò sono il nocciolo dei concetti storici quali schiavitù, colonizzazione, guerra, imperatore, feudalesimo, capitalismo ecc.

Per queste sue caratteristiche ci siamo giovati delle teorie della Nelson per mettere a punto strategie di insegnamento e di apprendimento della storia ed abbiamo elaborato una didattica dei copioni su misura per il curricolo verticale. Ora, l'assumiamo nel percorso di conoscenza dell'Italia di oggi in quanto essa risponde pienamente alla necessità di costruire nei bambini le rappresentazioni del mondo che diventano fondamentali per far pensare di vivere in Italia.

L'incremento della quantità e della qualità dei copioni implica la possibilità di inserire nel processo di insegnamento e apprendimento anche la promozione e la maturazione di atteggiamenti e di comportamenti disposti per l'esercizio di una cittadinanza, unitaria, plurale, attiva[3]. Essi si fondano sulla conoscenza dei modi di vivere, della cultura, delle tradizioni oltre che delle regole della convivenza, delle leggi del popolo che vive in Italia.

I percorsi devono sempre prendere le mosse dall'esperienza dei bambini perché è sull'esperienza di vivere in un certo ambiente dell'Italia in questo preciso momento storico, che i bambini si formano i copioni, attraverso i quali sanno prevedere come comportarsi.

---

[2] K. Nelson, *Lo sviluppo cognitivo dei concetti*, saggio compreso in R. C. Anderson, R.J. Spiro e W.E. Montague (eds), *Schooling and the Acquisition of Knowledge*, Lawrence Erlbaum, Hillsdale (N.J.) 1977 (Cap. VII pp. 215-239), tradotto in E. Damiano (a c. di), *Insegnare per concetti. Un approccio epistemologico alla ricerca didattica*, Armando, Roma, 2004, p. 70.

[3] Ministero pubblica istruzione, "Per una nuova cittadinanza", in *Indicazioni per il curricolo per la scuola dell'infanzia e il primo ciclo dell'istruzione*, Roma, settembre 2007, p. 23.

Questo processo di apprendimento consente il formarsi quelli che in psicologia vengono definiti come "prototipi", i casi, sui quali fondare le prime basi concettuali e un primo corpo di conoscenze. La scuola ha il compito di costruire occasioni per far fare ai bambini esperienze locali e circoscritte funzionali alla costruzione di tali casi.

"Frequentare la scuola in Italia oggi" è il caso che si presenta per la sua immediatezza e per coerenza educativa in quanto privilegia l'esperienza diretta nei primissimi anni di scuola. Altri casi di analogo potere formativo possono essere: "andare al mercato oggi in Italia", "visitare un museo italiano", "andare a teatro". Dai casi legati alle esperienze dirette si può passare a quelli che si configurano sul racconto dell'esperienza di altri: quelle testimoniate dai nonni o documentate in mostre o libri che danno conto delle esperienze di chi ha vissuto nel primo Novecento in Italia. Esse possono essere ri-elaborate in percorsi di ricostruzione storico-didattica definita nel curricolo delle operazioni cognitive e delle conoscenze significative[4]: dal passato personale al passato generazionale fino al passato locale. In questi casi, le immagini che le informazioni formano nella mente dei bambini si inseriscono nei copioni attuali come variabili. Le variabili sono indispensabili a costruire l'idea delle diversità, in questo caso, nel tempo, e danno senso all'espressione "una volta": sapere, che, ad esempio, una volta non si usavano gli zaini e le biro, che le classi erano molto più numerose e c'erano classi maschili e classi femminili, a scuola non c'era la mensa ecc. ecc., fa costruire copioni differenti che inducono i bambini a relativizzare i copioni delle proprie esperienze.

In seguito, possiamo favorire la costruzione di casi significativi per lo studio della storia dell'Italia anche grazie alla mediazione di film, con l'osservazione di immagini, con lo studio sui libri, con le

---

[4] I. Mattozzi (a cura di), *Un curricolo per la storia, proposte curricolari ed esperienze didattiche per la scuola elementare*, Cappelli, Bologna, 1990.

visite ai musei. La conoscenza dei copioni vigenti nelle diverse civiltà e nei diversi periodi dovrebbe indurre a cogliere la peculiarità dello sviluppo delle storie d'Italia.

Inoltre, la costruzione dei copioni dell'attualità, del passato recente e di quello remoto dell'Italia si mette al servizio dell'educazione interculturale nel momento in cui viene proposto come un modello di conoscenza che può essere poi trasposto per la conoscenza dei copioni vigenti in altre culture e in altri paesi.

Il tempo dell'avvio

Le soluzioni metodologiche didattiche devono avere lo scopo di dare ai bambini la possibilità di organizzare le conoscenze che già possiedono per dare ordine e senso a quelle nuove che apprenderanno, di incrementare la loro capacità dei bambini di conoscere spaccati della storia d'Italia, facendo ricorso alle categorie concettuali, che spontaneamente usano per rappresentarsi il mondo in cui vivono e poter interagire con esso.

Secondo questa prospettiva è indispensabile ipotizzare un possibile elenco delle categorie che riguardano in modo mirato la costruzione dell'idea dell'Italia oggi. Esse, in seguito, consentiranno una conoscenza dell'Italia nel passato. Ecco una lista dalla quale: *comune, paese, città, campagna, popolo, lingua, tradizioni e religione, stato, nazione, repubblica, società, cittadinanza, amministrazione, regioni, istituzioni, enti, privato, pubblico, che si riferiscono all' ambito politico-istituzionale, ma anche unità, diversità, immigrazione, emigrazione, demografia, memoria collettiva e patrimonio ...*

Ognuna di queste categorie è una struttura generale e in quanto tale deve essere sottoposta a un processo di costruzione perché i bambini se ne approprino. Perciò, esse diventano, allo stesso tempo, temi e obiettivi di conoscenze verso cui indirizzare le scelte tematiche nella progettazione. L'elenco diventa funzionale a istituire percorsi per indurre i bambini a formarsi i concetti base che consentono la conoscenza e l'interpretazione del mondo in cui vivono nella loro attualità e per costruire modelli di lettura con cui accedere alle conoscenze del passato d'Italia, in prima istanza, e successivamente del mondo.

Anche per far costruire concetti così complessi è conveniente scegliere la didattica dei copioni come metodologia che prende le mosse e si basa sui meccanismi psicologici e conoscitivi dei bambini e viene applicata alle loro esperienze.

L'iter da seguire nella progettazione didattica procede, quindi, per gradi, dall'articolare ognuna di queste categorie nei concetti che la definiscono individuando quelli più significativi per il tema in oggetto.

Considerando che le operazioni mentali di categorizzazione sono il risultato di una interazione tra l'ambiente e la cultura dell'individuo, diventa importante la scelta dell'esperienza sulla quale fare perno per pianificare l'intervento in modo che i bambini possano trovare i referenti conoscitivi utili alla loro costruzione e alla identificazione di appartenenza all'Italia direttamente nel loro contesto di esperienze: diverse per i bambini che vivono sulla costa italiana, o nelle isole, o per i bambini delle valli alpine e per quelli che vivono nelle zone di pianura.

Nella programmazione didattica significa, in prima istanza, affrontare la questione della scelta di argomenti appropriati.

L'Italia di oggi tra copioni e quadri di civiltà

Fare una scelta tematica oculata e mirata, in modo da poter individuare nei diversi cicli scolari gli argomenti più opportuni e significativi al nostro scopo, significa chiedersi quali temi riescano ad intrecciare sempre l'esperienza dei bambini con un percorso d'insegnamento-apprendimento.

Partire dal presente dei bambini sembra essere la parola d'ordine più ovvia se intendiamo curricolare l'apprendimento della storia d'Italia fin dalla scuola dell'infanzia. Le stesse Indicazioni per il curricolo del 2007 raccomandano «*la scuola come il luogo in cui il presente è elaborato nell'intreccio tra passato e futuro, tra memoria e progetto*»[5]. Il presente si configura, quindi, come il periodo più adatto per potenziare le conoscenze e le operazioni cognitive già attivate e acquisite ma soprattutto per costruire una prima base di concettualizzazioni che servono per comprendere la civiltà oggi e, poi, nel rispetto di un'ottica curricolare, del passato. Così, pur nella fase iniziale del curricolo assecondiamo il movimento del pensiero storico che è stato lucidamente rappresentato da Marc Bloch:

«In verità, consciamente o meno, alla fin fine noi deriviamo sempre dalle nostre esperienze quotidiane, sfumandole ove occorre con nuove tinte, gli elementi che ci servono a ricostruire il passato: gli stessi nomi di cui ci serviamo per caratterizzare gli stati d'animo scomparsi, le forme sociali sparite, quale significato avrebbero per noi se prima non avessimo veduto vivere degli uomini? Sostituire un'osservazione volontaria e controllata a tale impregnazione istintiva vale cento volte più»[6].

Occorre rendere i bambini consapevoli di appartenere a tutto un popolo che vive su un territorio chiamato Italia, non solo, «*perché parlano in italiano*» ma perché si caratterizzano per modi, procedure e regole peculiari; come il frequentare la scuola, il modo di mettersi a tavola in famiglia, di andare al ristorante o anche il modo di vestire, il modo di relazionarsi con persone conosciute e con quelle sconosciute, insomma i tratti della vita quotidiana che i bambini imparano nel loro contesto abituale.

---

[5] Ministero della Pubblica Istruzione, "Per una nuova cittadinanza", in *Indicazioni per il curricolo per la scuola dell'infanzia e il primo ciclo dell'istruzione*. Roma, settembre 2007.
[6] M. Bloch, *Apologia della storia o mestiere di storico*, Einaudi, Torino, 1969, Capitolo I,VII, *Comprendere il passato mediante il presente*, pp. 54-55.

Il problema didattico diventa come far addomesticare questo mondo per conoscerlo e consentire ai bambini di farne parte a pieno titolo. Partire dall'esperienza per imparare a riflettere su di essa ed essere, alla fine, in grado di raccontarla è il processo di apprendimento a cui si affida la didattica dei copioni. Essa sviluppa la capacità di riflettere sull'esperienza in modo da poterla esplicitare e rappresentare, utilizzando le categorie di spazio e di tempo e individuando gli agenti e i ruoli che questi man mano assumono nelle diverse relazioni implicate nelle azioni su cui si sta riflettendo.

Le progettazioni che non sono ancora strettamente disciplinari lasciano campo libero a percorsi in cui far prevalere l'esperienza diretta dei bambini secondo quel che la psicologia e i programmi ministeriali raccomandano a proposito dei «*campi di esperienza come luoghi del fare e dell'agire del bambino orientati dall'azione consapevole degli insegnanti che introducono ai sistemi simbolico-culturali*»[7].

Faccio alcuni esempi di costruzione di copioni che si potrebbero replicare –con adattamenti– per qualunque altro copione di cui i bambini possano fare esperienza durante il tempo scolastico. Li penso per alcune fasi cruciali dell'itinerario curricolare:
1. nella scuola dell'infanzia e all'inizio della scuola primaria;
2. nel passaggio allo studio dei quadri di civiltà;
3. nell'ultimo biennio quando si tratta di apprendere quadri di civiltà.

1. "Frequentare la scuola"

Il contenitore tematico "frequentare la scuola" potrebbe essere la prima articolazione per promuovere il presente come avvio al curricolo delle storie d'Italia. Consente, infatti, di anticipare senza forzature già alla scuola dell'infanzia e poi nei primi due anni della

---

[7] Ministero della Pubblica Istruzione, "L'organizzazione del curricolo", in *Indicazioni per il curricolo per la scuola dell'infanzia e il primo ciclo dell'istruzione*, Roma, settembre 2007, p. 23.

scuola primaria i percorsi previsti, che si basano sull'esperienza dei bambini condivisa e controllabile da parte dell'insegnante, in un ambiente nel quale il bambino fin dai primi anni sperimenta l'appartenenza a un gruppo sociale allargato composto da pari e da adulti che non sono membri del suo gruppo familiare, e del quale bisogna conoscere le procedure che regolano la convivenza.

Alla scuola dell'infanzia

Fin dalla scuola dell'infanzia la scelta di questo *contenitore* rientra nei suggerimenti delle stesse indicazioni ministeriali a proposito dei bambini che: «*devono esplorare la realtà e comprendere le regole della vita quotidiana*»[8].

Lo scopo è indurre i bambini italiani a costruire primi nuclei concettuali adatti per sentirsi di appartenere a un gruppo sociale allargato o per i bambini stranieri per cominciare a conoscere le regole di vita di uno stato in cui si ritrovano a vivere come immigrati o come figli di genitori immigrati.

Individuiamo, come primo atto della progettazione, le principali routine che costituiscono la struttura semantica di "frequentare la scuola dell'infanzia", istituiamo poi percorsi per far configurare ai bambini ognuna di queste routine in copioni trasformando le procedure che hanno già imparato attraverso la loro ripetizione quotidiana in rappresentazioni che sono schematizzate e disposte ad essere narrate e permettono di prevedere cosa accadrà l'indomani nella scuola.

Come innescare l'idea che questo accade in Italia?

Per fare costruire un primo sistema di conoscenze basato sull'insieme dei copioni configurati grazie al quale i bambini attribuiscono all'insieme di queste routine il significato di "frequentare

---

[8] Ibidem

la scuola dell'infanzia", utilizziamo la costruzione di diversi calendari, della giornata e della settimana scolastica o prolungati al mese nel caso si intenda introdurre altri copioni come quello delle uscite didattiche, ad esempio.

Nell'ottica di inserire nel curricolo di educazione allo spazio, al tempo e alla convivenza civile percorsi che avviano i bambini alle prime conoscenze sulle storie d'Italia puntiamo a cercare e rendere "visibili" le tracce che segnalano che quello che sta accadendo nella "mia scuola" in una giornata scolastica pur con le dovute varianti, accade anche nelle altre scuole italiane: ad esempio, la bandiera che sventola sulla facciata dell'edificio.

L'intento è quello di provocare il riconoscimento di questi simboli e attrabuirvi il significato di "...appartiene all'Italia" con domande che facilitino il processo che porta i bambini a poter generalizzare. E nello stesso tempo si tratta di sensibilizzare i bambini a vedere i simboli e a riconoscerli sulla facciata di altre scuola, del municipio o di altri edifici pubblici. Vedi tabella n. 1 (in appendice).

Questa è una prima proposta curricolare di particolare significato in quanto vuole provocare la sensibilità dell'insegnante a immaginare come sia possibile il curricolo integrato. Su questo modello si può ipotizzare come completare altri percorsi di configurazione di copioni come "andare ad un museo italiano", "andare al mercato" o "visitare una fattoria" o anche "vivere le tradizioni del paese" con soluzioni che consentono di pensarli come tasselli –pur nella loro diversità– dell'identità di una nazione.

La stessa proposta potrebbe essere ripresentata nei primi due anni della scuola primaria facendo ri-conoscere ai bambini i simboli dello stato, la denominazione Ministero della istruzione e della ricerca, accanto al nome e all'indirizzo della scuola che compare sul registro usato ogni mattina per l'appello o sulle schede al momento della valutazione quadrimestrale.

Il percorso didattico di produzione di una serie di copioni che si riferiscono alla cultura italiana del nostro tempo entra quindi a pieno titolo a dare senso alla fase di avvio.

2. In terza: il quadro di civiltà del presente

Una seconda didattica che bene si adatta a realizzare il curricolo integrato che pone l'accento sull'idea dell' Italia è la didattica dei quadri di civiltà.

«*Un quadro di civiltà può essere inteso come la descrizione dei tratti caratterizzanti la vita collettiva di gruppi umani in un ambiente e in un periodo ben delimitati. Risponde alla domanda: come viveva (o vive) il gruppo umano tribale o statuale, un popolo nazionale, molteplici popoli che condividono le medesime forme di civiltà all'interno di un impero o di uno stato plurietnico, oppure riguardante popoli sparsi in molti stati. Un quadro di civiltà esclude la forma narrativa, poiché non pretende di far conoscere l'evoluzione [...]. Un quadro di civiltà permette di far vedere i nessi tra i diversi aspetti [...]*»[9].

Se immaginiamo il curricolo come un percorso a spirale verso il quale convergono e partono le conoscenze acquisite dai bambini incontriamo ad una svolta di terza classe il quadro di civiltà del presente. È un incontro cruciale che consente di far convergere i risultati dei percorsi con i quali hanno costruito i diversi tasselli negli anni precedenti.

È il primo quadro che si realizza in una terza primaria. Il suo poster mette in scena le conoscenze che i bambini hanno ed hanno appreso fino ad ora, è il quadro del loro tempo e del loro mondo: il quadro dell'Italia di oggi.

---

[9] I. Mattozzi, "Un sapere storico universale è possibile nella scuola primaria? L'insegnamento della storia con i quadri di civiltà", in *I quaderni di Clio '92*, n.7, febbraio, 2007.

La descrizione del loro tempo motiva fortemente gli scolari che si scoprono autori e protagonisti di un quadro storico con caratteristiche peculiari centrate sull'Italia, il loro luogo di vita. Il quadro di civiltà attuale è quello che nasce dalla esperienza degli alunni rispetto allo spazio vissuto. Ma esso è generalizzabile all'Italia e poi al mondo occidentale. La generalizzazione si amplia su diverse scale spaziali: la descrizione della civiltà del popolo italiano e, in seconda battuta, quella dei popoli occidentali all'inizio del XXI secolo.

Esso si propone come avvio alla conoscenza della storia scritta sui libri. Infatti, la struttura del quadro di civiltà del presente e le strategie attivate per la sua costruzione costituiscono il modello trasferibile ad altre civiltà in contesti sia spaziali che temporali differenti.

La costruzione del quadro del presente dell'Italia si può, quindi, ipotizzare in continua costruzione se prevediamo di riprendere l'elenco fatto delle categorie che consentono la conoscenza del nostro paese.

Si immagini una possibile progressione che intende portare i bambini a conoscere come viene amministrata l'Italia:

"scuola → comune → regione → stato …"

Facciamo pensare la scuola costituita da spazi organizzati e usati per diverse funzioni attraverso la configurazione di un insieme di copioni e come istituzione attraverso i simboli (bandiera, stemma, ecc.). La scuola appartiene al territorio comunale e il comune, ha un nome, uno stemma, il municipio e deve essere fatto pensare come costituito dal nucleo urbano, la campagna circostante, le zone industriali e le sue frazioni. Il comune deve essere pensato come parcellizzazione amministrativa di un territorio più ampio: la regione. Infine, la regione come una parte dell'Italia, in un gioco di inclusione che viene distribuito secondo la logica del curricolo nei diversi anni scolastici, rendendo sempre più consistente l'idea iniziale legata più a semplici parole che a concetti veri e propri. La concezione dell'Italia come il contenitore del comune può portare i bambini a capire che il mondo è il suo contenitore.

A questo punto i bambini dovrebbero avere concepito il territorio dell'Italia, sono quindi pronti a passare allo studio dei quadri di civiltà remoti.

Le potenzialità di conoscenze così integrate, costruite fin nelle fasi di avvio, diventano esponenziali nell'affrontare lo studio della storia d'Italia nei cicli di scuola successivi e preparano la mente dei bambini a considerarsi parte di un popolo, cittadini di uno stato.

3. "Quando eravamo romani"

«*E tanto mica potevamo togliere il Parco della domus romana che c'è vicino a casa mia. È una cosa storica, di* **quando eravamo romani**, *ci vengono tante classi a visitarlo. Io ce lo voglio lasciare perché quelli del concorso lo devono vedere e anche i bambini gemelli*».

Questa è l'espressione coniata da un bambino di Castelleone di Suasa, in una classe prima, durante una conversazione destinata a commentare il poster di presentazione del proprio paese ad una classe di Sansepolcro. Il bambino voleva sostenere le ragioni per includere il sito archeologico di Suasa. La frase rivela, in primo luogo, la percezione delle tracce e della loro relazione con un popolo del passato che viene sentito come antenato della popolazione attuale[10]. Ma quello che più colpisce è quell'*eravamo* in cui l'alunno è riuscito ad esprimere la densità di un concetto come identità che si riempie di un altro concetto, quello di continuità.

---

[10] La classe partecipava al concorso lanciato nell'a.s. 2010-11 dal FAI *"Fratelli d'Italia"*. Sono grata alla maestra Antonina Gambaccini che ha fatto conoscere il protocollo della conversazione molto interessante, anche per quanto riguarda la conoscenza del Comune e del Sindaco.

Le conoscenze riguardanti il passato dell'Italia, fin dalla scuola primaria, vengono trattate come se non facessero parte integrante della storia d'Italia ed esse, alla fine, risultano frammentate e poco significative. Lo scopo deve essere, invece, quello di dare agli alunni l'opportunità di costruire un sistema di conoscenze in cui la storia d'Italia diventi l'ordito delle conoscenze relative ad ogni periodo delle civiltà che hanno costruito la cultura italiana in modo da ricavarne una visione d'insieme. Per realizzare questo per prima cosa l'insegnante stesso deve cominciare a pensare che la storia d'Italia non inizia dal Risorgimento, e quindi deve indirizzare la propria progettazione didattica verso l'idea di storie plurali d'Italia.

La mediazione con la quale generare nella mente dei bambini i collegamenti tra le diverse informazioni che creano nel loro insieme l'identità è quella di far guardare all'Italia attraverso diverse lenti. Torna ad essere strategica la didattica dei copioni che consente ai bambini di individuare le informazioni relative ai possibili attori, ai luoghi, ai tempi, alle azioni, e ai risultati di queste stesse azioni, per caratterizzare una cultura o una civiltà, in un tempo e uno spazio precisi, con i suoi modi di vita, le sue tradizioni. Dove la capacità di configurare copioni si traduce prima nella capacità di dire, ad esempio: «*sì, in Italia si vive così oggi, ma c'è stato un tempo in cui il suo territorio era invaso da acque malsane proprio là dove oggi andiamo in vacanza...*» e poi nel formulare domande efficaci sulle trasformazioni individuate.

Un'altra lente che la mediazione dell'insegnante deve contribuire a formare è quella che consente ai bambini di guardare l'Italia riconoscendo nei diversi ambienti urbani, agricoli, industriali o in qualsiasi ambiente frequentato le tracce di chi vi ha abitato molto tempo prima di loro, i segni della presenza di gruppi umani e di come hanno interagito con l'ambiente facendolo diventare quello che oggi si può conoscere. Si preparano così a capire il patrimonio culturale che è la traccia più evidente di quelle diversità che hanno costruito l'identità.

Diventa esemplare quello che accade, quando, per far conoscere la storia del paleolitico, del neolitico e dell'antichità, nelle progettazioni scegliamo, opportunamente, civiltà e gruppi umani le cui tracce sono presenti nel territorio di vita dei bambini o di cui possiamo mostrare le testimonianze nei musei e nei siti archeologici. Inoltre, la multimedialità ci permette di far scoprire le tracce dei popoli che hanno abitato altre terre italiane: megalitici, Camuni, Liguri, Veneti, Etruschi, Galli e gli altri popoli italici del centro e del sud e delle isole e, poi, i greci della Magna Grecia e, infine, i romani che hanno reso uniforme la civiltà dei diversi popoli che abitavano le terre peninsulari e insulari.

I vantaggi di questa progressione curricolare sono due:
1. poter mettere in gioco, in modo sinergico la storia e la geografia, impregnandole con percorsi trasversali di educazione alla cittadinanza e al patrimonio;
2. predisporre gli alunni a comprendere meglio i testi che descrivono le civiltà, poiché li rendiamo sensibili
   a. a cogliere gli aspetti territoriali dell'Italia antica,
   b. a dare senso ad espressioni quali "Nella società romana c'erano molti schiavi" oppure, "colonizzare nuove terre" o "essere cittadini di Roma al tempo della repubblica o di Roma al tempo dell'impero" o "la centuriazione romana" ecc. grazie alla possibilità di configurare i copioni relativi,
   c. a intuire che ogni informazione fattuale del libro ha alla base le tracce che gli storici hanno usato come strumenti per produrla.

La tabella 2 (in appendice) fornisce un esempio di scelte tematiche che è possibile inserire nel curricolo verticale e dimostrare come nelle programmazioni, che solitamente vengono pensate per la didattica della storia, possiamo già individuare percorsi riconducibili alla storia d'Italia.

Una riflessione per concludere

Scrivere questo saggio è stato come sentirmi un'Alice nel paese delle meraviglie a cui continuamente si socchiudevano porte che aperte mostravano orizzonti imprevisti. La cosa curiosa è stata, accorgermi, che l'imprevisto, nella riflessione a cui lo scrivere mi obbligava, investiva la mia stessa azione di insegnante di storia facendomi prendere coscienza di quanto della storia d'Italia stessi già insegnando senza esserne consapevole e, quindi, senza trovare il modo di farlo scoprire ai miei alunni. L'uovo di Colombo? Ebbene sì: scoprire che le ricerche storico didattiche potevano costruire il puzzle della storia recente dell'Italia; accorgersi che la visita ai siti archeologici della Val Camonica o alle domus dell'Ortaglia di Brescia, ma anche alle miniere di ferro e al forno fusorio della Val Trompia erano altre tessere di quel puzzle... Con una certo rimpianto mi sono trovata a pensare quanti bambini ho lasciato soli nel cercare di collegare tra loro in un sistema di conoscenza tutte queste esperienze e quanti tra loro non si sono accorti che le conoscenze apprese sono parte della storia d'Italia.

Ora so che bisogna puntare a formare bambini e bambine che alla fine della quinta abbiano consapevolezza che gli scenari che oggi fanno da sfondo alla loro vita sono gli ambienti nei quali si sono svolte le storie di tanti gruppi umani che hanno contribuito a costituire quella che consideriamo la storia d'Italia e che in essi sono stati trovati e continuano a scoprirsi i tesori archeologici che rivendichiamo come parte del nostro patrimonio culturale nazionale e che è il fondamento delle conoscenze apprese.

Tabella 1. Dalle routine al sistema introducendo l'idea dell'Italia

Frequentare la scuola dell'infanzia		
Routine per imparare a frequentare la scuola dell'infanzia in Italia da trasformare in copioni	*Dai singoli copioni al si-stema che li integra*	*Verso prime conoscenze per formare l'idea dell' Italia*
Entrare a scuola/ lasciare la mamma e trovare il proprio armadietto	▶ I calendari della giornata e della settimana, del mese scolastico ▶	Il significato di un simbolo: • la bandiera • lo stemma Domanda: anche gli altri bambini secondo voi che frequentano la scuola dell'infanzia fanno le cose che fate voi?
Stare in cerchio nel tempo del cerchio		
Fare attività di laboratorio		
Andare in giardino		
Fare il pranzo a scuola		
Andare in biblioteca		
Aspettare la mamma per tornare a casa		
Altre come: fare una uscita scolastica		

Tabella 2. *Esempi di temi funzionali ad introdurre allo studio delle storie d'Italia*

Tema	Esperienza	Verso la storia d'Italia	Fase
La scuola	Tutti i bambini la frequentano	Istituzione funzionale all'edu-cazione delle nuove generazioni	
La fattoria didattica	Esperienza a contatto con attività lavorative relative all'agricoltura	Importanza delle agricoltura per l'Italia sia dal punto di vista economico, sia da quello relativo alla configurazione del territorio	
Il Comune	I bambini ci vivono, ne sentono parlare	Organismo sociale-politico-amministrativo del territorio che comprende centro urbano e la campagna come struttura sia territoriale che sociale	Scuola infanzia Prima e seconda classe primaria ...e classe terza primaria
Il passato generazionale	Esperienza di ricerca storico-didattica mediata dai racconti dei nonni o dalle fotografia	Spaccati di vita della società italiana nel tempo secondo specifiche tematizzazioni	
Il passato locale	Esperienza di ricostruzione storico-didattica mediata da documenti originali, libri o dai film	Storia di aspetti dei modi di vita quotidiana in Italia secondo specifiche tematizzazioni	
Il quadro di civiltà attuale	Esperienza di descrizioni di aspetti della civiltà in cui vivono i bambini come civiltà italiana	Conoscenza della civiltà e copione di come si costruisce la descrizione degli aspetti caratterizzanti	Classe terza primaria
Civiltà antiche che popolavano l'Italia	Esperienza di visite a musei o siti archeologici	Conoscenze delle civiltà che si sono sviluppate in Italia	Classi quarta e quinta primaria

Schema 1. Un esempio di articolazione concettuale funzionale alla progettazione didattica per inserire nel curricolo le storie d'Italia

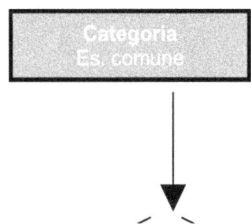

	Concetti	
insediamento	*gli abitanti*	*attività lavorative*
tipo di insediamento territo-rio, confini, estensione, rete stradale, disposizione delle aree urbane e agricole	il numero; la loro distribuzione sul territorio	servizi commercio ...

Esperienze	
Uscita sul territorio del comune di appartenenza. Uso di carte topografiche per conoscere il territorio	Visita ad alcuni luoghi del lavoro: industriale, agricolo, artigianale, uscita al mercato
Referenti conoscitivi Il municipio Le bandiere	**Referenti conoscitivi** Copioni in Italia: andare al mercato, coltivare i campi... altro

Storie d'Italia
nella Scuola secondaria di I grado

di *Maria Catia Sampaolesi*

Il contributo si struttura in due parti: la prima dedicata alla presentazione dei risultati del questionario proposto ai docenti della scuola secondaria di I grado sul tema "Le storie d'Italia nella scuola media"; la seconda incentrata su alcune esemplificazioni di storie d'Italia, inserite all'interno di un curricolo triennale e raccordate alle scale europea e mondiale.

1. I risultati del questionario rivolto ai docenti della scuola secondaria di I grado

Per sondare il terreno sul tema delle storie d'Italia insegnate e far emergere pratiche didattiche, nodi problematici, suggerimenti e proposte è stato predisposto un questionario, riportato negli allegati, rivolto agli insegnanti della scuola secondaria di I grado.

Dalla tabulazione dei questionari pervenuti[1] è stato possibile anzitutto rilevare che le storie d'Italia sono presenti nella programmazione dei docenti della scuola secondaria di I grado e vengono raccordate soprattutto alla storia europea, in misura più limitata a quelle mondiale e locale. Le tematiche affrontate riguardano, pre-

---

[1] In totale si è trattato di 17 questionari, un numero esiguo sul piano quantitativo che comunque ha consentito di ricavare osservazioni interessanti.

valentemente, la storia politica e culturale dell'Italia. Tra i contenuti che maggiormente vengono trattati troviamo: Civiltà romana, Comuni e civiltà comunale, Signorie e Principati, Umanesimo e Rinascimento, Risorgimento, Fascismo, Guerre mondiali, Resistenza. Gli argomenti non presi in considerazione sono vari, con una prevalenza di quelli relativi alla seconda metà del Novecento.

I docenti lamentano la mancanza di percorsi sulle storie locali; i motivi vengono imputati, in particolare, alla periodizzazione richiesta dalle Indicazioni per il curricolo, alla inadeguatezza del manuale in adozione e alla situazione didattica della classe.

Per quanto riguarda la modalità di costruzione delle conoscenze, si rileva che vengono coniugati più approcci didattici: processi di trasformazione, quadri di civiltà, didattica tradizionale, ricerca storico-didattica. Meno usati i copioni. Molto varia è anche la gamma delle metodologie utilizzate, con prevalenza di lezione frontale, laboratorio, ricerca-azione. La didattica ludica è poco praticata. I docenti si dividono in modo abbastanza omogeneo in due gruppi nel ritenere che le storie d'Italia siano trattate nel manuale in adozione in modo abbastanza approfondito, l'uno, e poco approfondito, l'altro. Un buon numero di insegnanti riesce a coniugare, sempre o quasi, didattica della storia ed educazione alla cittadinanza. La preparazione storiografica dei docenti sulle storie d'Italia è definita, in buona parte dei casi, abbastanza approfondita.

I risultati dei questionari appaiono interessanti perché evidenziano senza dubbio l'interesse dei docenti per le storie d'Italia e per la sperimentazione di più metodologie didattiche; d'altro canto, emerge, a mio avviso, la necessità di raccordare la storia d'Italia alle altre storie in modo più sistematico e incisivo, tematizzando conoscenze "significative" ed organizzandole in Unità di apprendimento efficaci, attingendo a fonti di documentazione varie, senza limitarsi al solo manuale, e potenziando la propria preparazione storiografica.

2. Le storie d'Italia nel curricolo della scuola secondaria di I grado

I risultati del questionario hanno motivato la successiva articolazione della relazione, che si è soffermata su tre esemplificazioni di storie d'Italia per la scuola media, inserite all'interno di un curricolo triennale visualizzato attraverso mappe spazio-temporali che mostrano i raccordi tra le varie scale: mondiale, europea, nazionale e, ove possibile, locale. Le esperienze didattiche presentate suggeriscono proposte di lavoro in collegamento con l'educazione alla cittadinanza e/o al patrimonio.

Classe I

La mappa spazio-temporale n. 1 riportata negli allegati ipotizza la scansione delle unità di apprendimento (U.A.) per la prima classe della Scuola secondaria di I grado. Le storie d'Italia, come possiamo notare (lo stesso vale per le altre classi della scuola media), sono presenti in pressoché tutte le unità di apprendimento proposte e si raccordano alle scale europea e mondiale.

Per quanto riguarda la prima unità di apprendimento "*Dall'impero romano al suo apogeo al Sacro Romano Impero*", l'approfondimento delle storie d'Italia sul tema "*Le nuove Italie tra Alto e Basso Medioevo*" viene proposto nella fase della ricostruzione del processo di trasformazione e riguarda gli aspetti evidenziati in grigio nella tabella sotto riportata.

Fase 1. Preconoscenze	Il docente presenta agli alunni l'unità di apprendimento che viene delimitata dal punto di vista spaziale e soprattutto temporale, visualizzando il periodo in questione su una linea del tempo da appendere alla parete. Per accertare i prerequisiti gli alunni costruiscono due grafici a stella in cui inseriscono tutte le parole che immediatamente riescono ad associare ai termini "Impero Romano" e "Sacro Romano Impero". Segue la discussione sulle informazioni/significati trovati.

Fase 2. *Il presente*	Il docente invita gli alunni ad interrogarsi sul concetto di impero e ad utilizzarlo in riferimento alla situazione politica ed economica attuale; stimola quindi la loro curiosità per il passato evidenziando come, attraverso l'analisi di esso, sarà poi possibile capire meglio il presente.
Fase 3. *Il passato*	Gli alunni utilizzano parti di testo tratte dal manuale e due carte dell'atlante storico, riferite all'Impero Romano del II secolo d. C. e al Sacro Romano Impero del IX secolo d. C., per descrivere situazione iniziale e finale dal punto di vista politico-territoriale.
Fase 4. *Confronto tra le due situazioni del passato.* *Problematizzazione.*	Con le informazioni raccolte dall'analisi e confronto di testi e carte viene redatto un breve testo storiografico. Individuati i mutamenti e le permanenze più evidenti, si procede con la problematizzazione: gli alunni si interrogano sul processo di trasformazione e su quali fattori abbiano contribuito a determinarlo; trascrivono domande ed ipotesi sul quadernone.
Fase 5. *Ricostruzione del processo per periodi.* *Spiegazione.*	Gli alunni prendono anzitutto in esame l'indice del proprio manuale ed individuano gli eventi più significativi sulla base della periodizzazione che segue: a) Crisi dell'Impero romano e caduta dell'Impero Romano. d'Occidente (III-V sec. d. C). b) Prima fase delle invasioni dei popoli germanici. Formazione dei regni romano-germanici (V-VI sec. d. C.). c) Tentativo di ricostituzione dell'Impero Romano d'Occidente con Giustiniano. d) Seconda fase delle invasioni (Longobardi, Arabi, Franchi) (VI-VIII sec. d. C.). e) Carlo Magno e il Sacro Romano Impero (IX sec d. C.). Si soffermano quindi su ognuno di essi seguendo l'ordine cronologico ed utilizzando le sezioni "Studio con metodo" del testo di Storia in adozione. I regni romano-germanici vengono presi in esame a partire dal gioco "La conquista di un regno" (Brusa-Bresil) e la successiva attività di dopo-gioco. Conclusa la ricostruzione del processo di trasformazione, e realizzata la linea del tempo sul quadernone, si riflette e discute in classe sui fattori che hanno concorso a determinarlo. Viene ricostruito l'iter di lavoro.
Fase 6. *Ritorno al presente*	Ogni alunno risponde individualmente sul quadernone alle domande della problematizzazione. Seguono poi il confronto e la discussione in classe. Ci si interroga infine sull'odierna configurazione politico-territoriale (ma anche economica e culturale) degli stati collocati nei territori un tempo occupati dall'Impero Romano e dal Sacro Romano Impero, operando opportuni confronti.

Lo spunto per affrontare le storie d'Italia è dato dal gioco "La conquista di un regno"[2] che in modo coinvolgente consente agli

---

[2] A. Brusa- L. Bresil, *Giochi di storia*, Paravia Bruno Mondadori editore, Milano, 2002, pp. 52-57.

alunni di interrogarsi, nell'attività di dopo gioco, sui vari popoli: germani, slavi, arabi, che hanno attraversato il territorio italiano a seguito di scorrerie, insediamenti di breve periodo o stabili, nel periodo V-XI sec. d. C., contribuendo a segnarne la storia.

L'argomento può essere successivamente approfondito attraverso varie proposte:
a) Le migrazioni che hanno fatto e fanno la storia.
b) L'incontro completo di due culture e la riuscita integrazione tra germani e latini realizzata dai Franchi.
c) Le nuove Italie, tra Alto e Basso Medioevo[3]:
 - L'Italia del Mezzogiorno che si volge ad Oriente (Bisanzio, Arabi, Amalfi, Normanni).
 - L'Italia di Roma papale e cattolica, capitale della cristianità.
 - L'Italia del diritto romano e canonico.
 - L'Italia feudale.
 - L'Italia delle città, dei mercanti, degli artigiani, dell'arte.

L'ultima proposta, in particolare, porta gli alunni a scoprire come la frammentazione politica dell'Italia abbia aperto la strada alla rinascita economica e culturale del Basso Medioevo.

Classe II

In questo caso, proponiamo, a titolo di esemplificazione, l'U.A. *"Dall'economia feudale all'economia-mondo"* (cfr. mappa n. 2 negli allegati) con particolare riferimento all'argomento *"L'economia-mondo italiana"*, che viene approfondito, in particolare, nella fase della ricostruzione del processo di trasformazione evidenziata in grigio.

---

[3] Cfr. J. Le Goff, *L'Italia fuori d'Italia. L'Italia nello specchio del Medioevo*, in *Storia d'Italia Einaudi* vol.2° tomo II, pp. 1933-2088.

Fase 1. *Preconoscenze*	Il docente presenta agli alunni l'unità di apprendimento che viene delimitata dal punto di vista spaziale e soprattutto temporale, visualizzando il periodo in questione su una linea del tempo. Gli alunni si interrogano quindi sul concetto di economia: dopo un brainstorming iniziale, approfondiscono il significato del termine mediante lettura ed analisi di un testo proposto dall'insegnante.
Fase 2. *Il presente*	Il docente propone agli alunni una serie di attività (Gioco del "made in", "Che cosa c'è nei 1000 kg di un'auto", "Paesi produttori e consumatori di caffè", "Carta sul flusso mondiale delle esportazioni") attraverso le quali gli alunni si rendono conto che quella attuale è un'economia di mercato globalizzata, per cui tra le varie parti del mondo esiste una fitta rete di scambi commerciali. Stimola quindi la loro curiosità per il passato evidenziando come, attraverso l'analisi di esso, sarà poi possibile capire meglio il presente.
Fase 3. *Il passato*	La situazione iniziale, già nota perché affrontata nell'U.A precedente, viene presentata attraverso un testo storiografico. La situazione finale viene descritta attraverso due carte (spazio geoeconomico europeo e mondiale nel 1500) e un testo storiografico riferito al modello di economia-mondo.
Fase 4. *Confronto tra le due situazioni del passato.* *Problematizzazione.*	Con le informazioni raccolte viene compilata una tabella che permette di porre a confronto economia feudale ed economia-mondo, utilizzando i seguenti indicatori: Localizzazione, Datazione, Popolazione, Insediamenti, Risorse, Fonti energetiche, Attività economiche, Tecnologia, Scambi commerciali, Controllo dell'economia. Dopo aver discusso in classe il risultato del lavoro, si procede con la costruzione di due distinte mappe, riferite a mutamenti e permanenze. Segue la problematizzazione: gli alunni si interrogano sul processo di trasformazione e su quali fattori abbiano contribuito a determinarlo; trascrivono domande ed ipotesi sul quadernone.
Fase 5. *Ricostruzione del processo per periodi.* *Spiegazione.*	Attraverso l'uso del manuale in adozione e lo svolgimento delle attività proposte dal docente gli alunni ricostruiscono le seguenti fasi del processo di trasformazione: a) Dal XIII alla metà del XV secolo: la rinascita delle città e dei commerci in Europa; il grande commercio eurasiatico alla fine del XIII secolo e nella prima metà del XIV secolo. b) I grandi viaggi di esplorazione e le scoperte geografiche. Le motivazioni alle esplorazioni. Gli imperi coloniali portoghese e spagnolo. La nascita dell'economia-mondo europea. c) Il consolidamento dell'economia-mondo europea e le sue nuove aree centrali: Olanda (XVII secolo) e Inghilterra (XVIII secolo). Conclusa la ricostruzione del processo di trasformazione, e realizzata la linea del tempo sul quadernone, si riflette e discute in classe sui fattori che hanno concorso a determinarlo. Viene ricostruito l'iter di lavoro.

Fase 6. Ritorno al presente	Ogni alunno risponde individualmente sul quadernone alle domande della problematizzazione. Seguono poi il confronto e la discussione in classe. La riflessione conclusiva sul concetto di economia-mondo è volta a mettere in luce analogie e differenze con quello di economia globale, applicato all'oggi.

In questo caso le storie d'Italia vengono affrontate, in collegamento con la storia mondiale ed europea, a partire dalla comparazione di una serie di carte, che evidenziano le direttrici degli scambi commerciali tra le aree economiche chiave nel periodo XIII-XVIII secolo. Un primo gruppo di carte (Gli otto circuiti del sistema mondiale nel XIII secolo[4], Il mondo all'inizio del XIV secolo[5], L'Europa alla fine del Medioevo 1370-1400[6]) mostra la centralità dell'Italia settentrionale, e di Venezia in particolare, nel sistema degli scambi che collegano l'Europa del Nord e il Mediterraneo, a sua volta in contatto con il mondo asiatico (area islamica e cinese) e africano.

Il secondo gruppo (Lo spazio geoeconomico europeo e mondiale del 1500, 1600 e 1700[7]), pur focalizzando l'attenzione sulla scala europea e mondiale, evidenzia la permanenza dell'area italiana nello spazio economico con polo dominante Anversa (1500), Amsterdam (1600) e Londra (1700).

L'argomento può essere approfondito sviluppando una delle seguenti proposte:
a. Gli scambi economici e culturali all'interno dei circuiti del sistema mondiale. La via della seta. I viaggi di Marco Polo (sec. XIII-XIV).
b. L'economia-mondo centrata su Venezia nei secc. XIV-XV[8].

---

[4] *Il 900 e la Storia*, Seminario di studio e produzione, Scuola media statale G. La Pira Sarezzo Brescia.
[5] Ibidem.
[6] G. Mezzetti, *I territori e la storia, L'iper libro dell'Europa*, La nuova Italia, Firenze, 2004.
[7] *Il 900 e la Storia*, Seminario di studio e produzione, cit.
[8] Cfr. F. Braudel, *I tempi del mondo*, Einaudi, Torino, 1987.

c. Le tre Italie dal 1450 al 1650[9].
1. L'Italia della pace di Lodi (1454-1494).
Lo sviluppo di Venezia e Milano. Firenze "capitale" della penisola.
L'ascesa dell'Umanesimo italiano.
2. L'Italia straziata dalla guerra (1494-1559).
Roma domina, Venezia prospera. L'Atlantico nelle mani dei mercanti italiani. Le vivaci corti principesche: Mantova, Urbino, Ferrara. IL Rinascimento. La superiorità tecnica di Firenze.
3. L'Italia della pace di lunga durata (1559-1650).
Il secolo dei genovesi, intermediari finanziari. La prosperità di Venezia.
Il primo Barocco, responsabile di creazioni moderne. La nascita della scienza moderna.

Quest'ultima proposta si raccorda strettamente alla terza suggerita per la prima classe, creando una continuità delle storie d'Italia che attraversa il Medioevo e l'età moderna.

Classe II o III

Per la seconda o terza classe della scuola secondaria di I grado (a seconda della scansione curricolare adottata) portiamo come esemplificazione un laboratorio di ricerca storico-didattica su scala locale, sul tema *"Castelfidardo: memoria di una battaglia"*, che precede l'U.A *"Dagli Stati regionali all'Unità d'Italia"* consentendo di raccordare tutte le scale spazio-temporali, come mostra la mappa n. 3 allegata.

---

[9] Cfr. F. Braudel, "L'Italia fuori d'Italia. Due secoli e tre Italie", in Aa. Vv., *Storia d'Italia*, vol.2°, tomo II, Einaudi, Torino, 1973, pp. 2089-2248.

Il laboratorio di ricerca storico-didattica, realizzato nell'anno scolastico 2009-2010 da due classi seconde dell'I.C. "Paolo Soprani" di Castelfidardo (AN), si è inserito, a sua volta, nel contesto più vasto del progetto *"Identità nazionale culture e a confronto"*, finalizzato a far riflettere i ragazzi sul sentimento dell'identità nazionale in una realtà, come quella odierna, caratterizzata da una pluralità di culture, e a guidarli nella produzione di video-spot sul tema. L'attività ha consentito di coniugare ricerca storica, educazione alla cittadinanza attiva e al patrimonio.

Il laboratorio ha preso avvio dall'individuazione, sulla pianta di Castelfidardo, dei luoghi più significativi che ci parlano della battaglia del 18 settembre 1860. Due di questi, l' Ossario-Sacrario e il Monumento Nazionale delle Marche, sono stati poi presi in esame dal vivo; schede operative compilate dai ragazzi durante la visita hanno consentito di analizzare i monumenti individuando: i materiali, le forme e le dimensioni, le informazioni ricavabili direttamente e quelle da inferire, il significato dell'opera, il punto di vista dell'autore, e di esplicitare infine l'interpretazione degli alunni.

La successiva rielaborazione in classe, utilizzando la videoproiezione delle immagini già osservate dal vivo, ha permesso di mettere a fuoco le caratteristiche più salienti della battaglia: tempo, luoghi, personaggi, schieramenti in campo, armi utilizzate, fasi dello scontro, caduti sardi e pontifici. Sempre attraverso la videoproiezione di altre fonti (cippi storici, dipinti e stampe, carte riferite alla disposizione dei due eserciti nel corso degli scontri), la conoscenza della battaglia è stata approfondita ed arricchita di ulteriori particolari. Brevi testi storiografici di ricapitolazione hanno accompagnato i vari momenti del percorso di lavoro.

Con l'attività ludica al Museo del Risorgimento della città, la battaglia di Castelfidardo è stata collocata all'interno del processo risorgimentale italiano. Gli alunni, divisi in piccoli gruppi, hanno anzitutto percorso le sale del piano seminterrato ricercando sui pannelli espositivi le informazioni richieste dal gioco; quindi sono saliti al piano superiore per ritrovare ed analizzare alcuni reperti museali. La visita ha consentito da un lato di consolidare le informazioni già acquisite con le precedenti attività, dall'altro ha fornito informazioni di contesto attraverso l'analisi delle carte geostoriche, riferite all'Italia prima e dopo la battaglia di Castelfidardo, e l'individuazione dei personaggi più significativi del Risorgimento italiano e del ruolo da essi svolto nel periodo in questione.

Ritornati in classe, ogni gruppo ha avuto a disposizione del tempo per rivedere la compilazione delle schede; poi, dopo la consegna di tutti i lavori, insieme all'insegnante sono state confrontate le risposte date ed individuati i punteggi totalizzati. L'attività, per la sua componente ludica, è stata particolarmente apprezzata dai ragazzi.

Il percorso didattico sui luoghi e sulle fonti riferiti alla battaglia di Castelfidardo si è concluso, quindi, con un testo storiografico di ricapitolazione, redatto utilizzando i seguenti indicatori: i tempi e i luoghi, i protagonisti, le forze in campo e le armi, le fasi e l'esito della battaglia, le perdite sul campo, il contesto storico.

Il raccordo con la scala nazionale, già esplicitato attraverso la visita al Museo del Risorgimento, è stato ripreso all'inizio dell'anno scolastico 2010-2011 proponendo ai ragazzi il processo di trasformazione "*Dagli stati regionali all'Unità d'Italia*" con periodizzazione 1815-1861-1871, che di seguito viene riportato. La fase della ricostruzione del processo può essere ulteriormente arricchita e approfondita sviluppando una delle seguenti proposte:

a) La costruzione dello Stato italiano
b) Le due Italie: la questione meridionale
c) Primo e secondo Risorgimento
d) Statuto albertino e Costituzione a confronto
e) Identità nazionale e culture a confronto

Fase 1. Preconoscenze	Il docente presenta agli alunni l'unità di apprendimento che viene delimitata dal punto di vista spaziale e soprattutto temporale, visualizzando il periodo in questione su una linea del tempo. Gli alunni si interrogano quindi sui concetti di "stato regionale" e di "unità nazionale", attingendo per il primo alle conoscenze pregresse e richiamando, per il secondo, il questionario di inizio attività.
Fase 2. Il presente	Il docente attraverso riferimenti alla geografia europea e mondiale, invita i ragazzi a confrontarsi con il concetto di stato federale posto a confronto con quello di stato unitario. Stimola quindi la loro curiosità per il passato evidenziando come, attraverso l'analisi di esso, sarà poi possibile capire meglio il presente.
Fase 3. Il passato	Gli alunni utilizzano due carte del manuale, riferite rispettivamente all'Europa alla data del Congresso di Vienna (1814-15) e nel 1880, per descrivere situazione iniziale e finale dal punto di vista politico-territoriale.
Fase 4. Confronto tra le due situazioni del passato. Problematizzazione.	Con le informazioni raccolte dall'analisi dei testi e delle carte e dal loro confronto viene redatto un breve testo storiografico. Individuati i mutamenti e le permanenze più evidenti, si procede con la problematizzazione: gli alunni si interrogano sul processo di trasformazione e su quali fattori abbiano contribuito a determinarlo; trascrivono domande ed ipotesi sul quadernone.
Fase 5. Ricostruzione del processo per periodi. Spiegazione.	Attraverso l'uso del manuale in adozione e lo svolgimento delle attività proposte dal docente gli alunni ricostruiscono le fasi del processo di trasformazione di seguito indicate: a) Rivoluzioni nazionali e liberali (1817-1834). b) La I guerra d'indipendenza nel contesto delle rivoluzioni europee del 1848. Lo Statuto Albertino. c) Le tappe dell'unificazione italiana (1850-1870: II guerra d'indipendenza, spedizione dei Mille, proclamazione dell'Unità d'Italia, III guerra d'indipendenza, liberazione di Roma). d) La costruzione dello stato italiano. e) L'unificazione tedesca, il problema delle nazionalità. Conclusa la ricostruzione del processo di trasformazione, e realizzata la linea del tempo sul quadernone, si riflette e discute in classe sui fattori che hanno concorso a determinarlo. Viene ricostruito l'iter di lavoro.
Fase 6. Ritorno al presente	Ogni alunno risponde individualmente sul quadernone alle domande della problematizzazione. Seguono poi il confronto e la discussione in classe. I ragazzi si confrontano, attraverso articoli di giornale e riferimenti all'attualità, sulla proposta di federalismo fiscale di cui si fa un gran parlare in ambito politico.

Popoli italici e impero romano: due esempi di processi di interazione nel passato dell'Italia

di *Germana Brioni e Maria Teresa Rabitti* [1]

Conoscere la storia d'Italia significa far comprendere agli allievi che l'Italia attuale, in cui essi vivono, è frutto di processi storici precedenti; che il territorio italiano è un contesto plasmato dalle numerose civiltà che cominciarono ad abitare la penisola da epoche antichissime e qui a lungo interagirono.

Nella evoluzione delle storie d'Italia, dai primi gruppi umani fino alle civiltà altamente organizzate e strutturate, sono individuabili molti periodi e casi di interazione culturale, in momenti del tutto differenti e a lunga distanza tra loro: sovrapposizioni, incontri, mescolanze di etnie e di culture hanno dato carattere alla colonizzazione greca del sud Italia, alla colonizzazione fenicia, etrusca. Molti secoli dopo, le dominazioni araba, spagnola, francese, asburgica nella penisola, si sono configurate come apportatrici di tipologie di organizzazione della vita materiale, della mentalità, della società, per limitarci ad alcuni indicatori di civiltà, che hanno lasciato impronte tuttora riconoscibili in quelle che, a uno sguardo superficiale, non competente, vengono considerate manifestazioni prettamente italiche: sono, invece, frutto di felici contaminazioni con l "Altro".

---

[1] Il contributo nasce da una comune ricerca e riflessione: M. T. Rabitti è autrice del capitolo su *L'Italia dei popoli italici*; G. Brioni del capitolo su *L'Italia nell'impero romano*.

Il presente intervento si sofferma su due periodi della storia italica, che appaiono come esempi particolarmente significativi allo scopo di mostrare agli studenti della scuola dell'obbligo, ma anche a studenti del biennio della scuola superiore, come la nostra storia sia pensabile in un'ottica diversa da quanto non sia in genere trattata nella scuola e sui manuali. La penisola non è, non è mai stata in realtà, un'entità isolata, perciò le sue vicende e quelle dei suoi abitanti diventano pienamente comprensibili se ricostruite nell'ambito di una pluralità di storie, delle quali entrano a far parte molti popoli e culture. È appunto il caso del lungo periodo dei popoli italici, nei millenni delle culture preistoriche, dove etnie di diversa provenienza andarono a confluire nella integrazione/interazione rappresentata dalla cosiddetta civiltà italica; è pure il caso dell'impero romano, quando nel Mondo Antico si completò l'unità mediterranea e continentale, unità politica e culturale nel più ampio senso del termine.

Vuol essere, questo, uno sguardo nuovo che consenta ai ragazzi di acquisire la consapevolezza del loro crescere cittadini insieme a concittadini di diversa formazione e provenienza; di essere, ciascuno, una delle mille sfaccettature con cui si presenta la popolazione della nazione, oggi come in passato.

L'Italia dei popoli italici

I popoli italici nel I millennio a. C

La difficoltà di affrontare a scuola la storia dell'Italia e dei popoli preromani nasce dal fatto che essi sembrano apparire all'improvviso, senza che risulti evidente la loro origine. Nasce da qui l'esigenza di recuperare il periodo paleolitico già studiato e precisare che l'uomo primitivo, l'"uomo delle caverne" di cui si sono già studiate le modalità di vita, era *l'Homo Sapiens Sapiens o Cro Magnon*, vissuto nell'Europa dell'epoca glaciale, presente quindi anche nel nostro territorio da 40 000-35 000 anni fa.

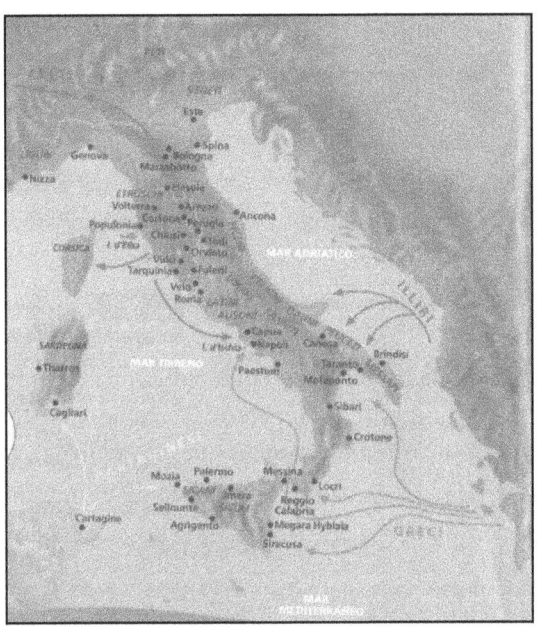

*(elab. da Aa.Vv., **Poster, in giro tra i saperi**, sussidiario delle discipline, Ed. Giunti, Firenze, 2009, vol. V, p. 2)*

Ugualmente è necessario recuperare il periodo neolitico, presentato come una trasformazione avvenuta in Medio Oriente, facendo riferimento esplicito all'Italia e precisando i tempi (VII millennio a. C.) e i luoghi delle prime forme di agricoltura.

I paesaggi della nostra penisola

Mettiamo in evidenza come nel lungo periodo dal VII al II millennio a. C. la penisola fosse abitata da gruppi umani autoctoni, che avevano tra loro pochi contatti e alternavano caccia e raccolta con le prime forme di agricoltura. Si farà così percepire agli allievi la continuità del popolamento nella penisola.

Il passo successivo è la presentazione della situazione della penisola nel I millennio a. C., con l'infiltrazione in Italia di nuovi popoli provenienti dal sud e dall'est, che si fusero con i popoli autoctoni o li soppiantarono.

Il suggerimento è di affrontare questa lunga durata della storia della penisola con la chiarezza temporale sopra indicata, e di focalizzare alcuni concetti fondamentali di seguito sintetizzati.

L'Italia è un territorio proteso nel Mediterraneo, attraversato da montagne che rendono ardua la comunicazione, dalle coste alte e mare di difficile navigazione in certi periodi, asse mediano tra il Mediterraneo di Levante e di Ponente, appendice meridionale dell'Europa e ponte per i deserti del Nord Africa, come sostiene F. Braudel. La storia dell'Italia è necessariamente una storia di rapporti interculturali, di interazioni dei vari gruppi umani che su questo territorio si sono stanziati, si sono incontrati, hanno lottato, scambiato merci e conoscenze e hanno dato origine a modi di vivere differenti.

Una terra di antichissimo popolamento

Grandi fenomeni naturali, climatici, geologici, con alternanze di clima freddo e caldo, avanzamento e retrocessione di ghiacciai, accompagnano il primo apparire dell'uomo sul suolo italico, molte decine di millenni fa. Da allora la presenza umana sul territorio della penisola sarà stabile.

I primi reperti del cosiddetto "uomo di Isernia", appartenente alla specie *Homo erectus,* il grande viaggiatore proveniente dall'Africa, risalgono a circa 736 000 anni fa; seguirono stanziamenti di *Homo Sapiens di Neanderhtal* (circa 100 000 anni fa): "l'uomo del Circeo" risale infatti a 70 000 anni fa.

L'*Homo Sapiens Sapiens* viene dall'Africa, è arrivato nella penisola durante la glaciazione di Würm circa 40 000-35 000 anni fa, all'inizio del Paleolitico superiore.

I nuovi venuti sono anatomicamente simile a noi moderni. Il paesaggio dell'Italia è ora ricco di foreste e di verdi pascoli frequentati da animali "nordici" e ancora abitato in modo disuguale da gruppi di uomini di Neanderthal che vivono della caccia a quella fauna di grandi mastodonti. Con essi i *Sapiens Sapiens* o *Cro Magnon* convivono per millenni, fino a quando sostituiscono completamente i predecessori verso il 40000 a. C.

I *Sapiens Sapiens* occupano il centro della scena per più di 30 000 anni fino al VII millennio a. C. e popolano l'Italia settentrionale a cominciare dalle zone montane.

È il periodo denominato "età della renna", in quanto l'attività principale di sopravvivenza era la caccia alle renne.

La trasformazione neolitica

Attorno a 10 000 anni fa, il clima della penisola si addolcisce, le terre liberate dai ghiacci si arricchiscono di fiumi e zone paludose che consentono, accanto al persistere delle attività di caccia, le prime forme di agricoltura. I gruppi locali apprendono le nuove tecniche agricole e di allevamento da uomini che provengono dalle zone balcaniche e dalla lontana Mezzaluna fertile, e le applicano al loro territorio. Verso il 3000-2500 a. C. i cacciatori vengono soppiantati e prevalgono gli agricoltori e gli allevatori di bestiame. Con la grande trasformazione, che gli studiosi denominano *Neolitico*, gli insediamenti stabili e l'aumento della popolazione, le continue infiltrazioni da Oriente, danno origine ai popoli che nel II millennio vivono sul territorio italico. Sono i Popoli Appenninici, i Liguri, i Sardi, i Siculi. La civiltà neolitica nel territorio della penisola, pur con notevoli varietà regionali, attesta un lungo periodo di pacifica convivenza.

Le immigrazioni del I millennio

All'inizio del I millennio a. C. ai gruppi etnici delle origini si sovrappongono o s'interpongono altre popolazioni venute in una o più correnti immigratorie attraverso i valichi alpini, o giunte dalle coste illiriche attraverso l'Adriatico. Sono gli Umbro-Sabelli, tra i quali i Latini, gli Osci, i Sanniti; sono i Veneti, i Piceni, i Messapi; dal Mediterraneo orientale giungono Etruschi, Greci e Fenici, popoli di civiltà culturalmente più avanzata, in cerca di terre da colonizzare e su cui fondare nuove città. Tra le popolazioni originarie e i nuovi venuti si verificano talvolta scontri, ma in genere mescolanze e interazioni.

La colonizzazione greca, che l'Italia largamente subisce, reca benefici di civiltà, perfezionamenti tecnici nell'agricoltura e nell'industria, attiva e accelera lo scambio delle risorse locali mediante la navigazione. Gli antichi popoli continentali agricolo-pastorali, a contatto con i popoli navigatori Fenici e Greci, apprendono anch'essi per necessità di difesa e di esistenza l'arte del navigare.

I commerci marittimi permettono di superare le difficoltà che gli uomini fino ad allora incontravano spostandosi per via di terraferma, creando un'unità mediterranea finora sconosciuta.

Tra il IX e l'VIII secolo a. C. gli storici collocano la fondazione di Roma, e l'origine della civiltà romana.

Suggerimenti didattici

Si possono proporre agli allievi operazioni sulle temporalità, sulla spazializzazione e su alcuni concetti interpretativi:
- Collocare sul grafico temporale i periodi del Paleolitico e del Neolitico in Italia, così come sono presentati nel testo, e calcolarne le durate.

- Individuare sul grafico la contemporaneità dell'Homo di Neanderthal e dell'Homo Sapiens Sapiens in Italia e calcolarne la durata
- Disporre in una tabella i popoli presenti in Italia nel II e nel I millennio a. C. tenendo conto della loro provenienza e della loro distribuzione nella penisola
- Sintetizzare in una mappa le peculiarità della penisola italica nei periodi considerati, secondo gli indicatori: periodo, territorio, economia di base, rapporti tra i popoli.

L'Italia nell'impero romano

L'Italia nel I sec. d. C.: regioni e principali strade

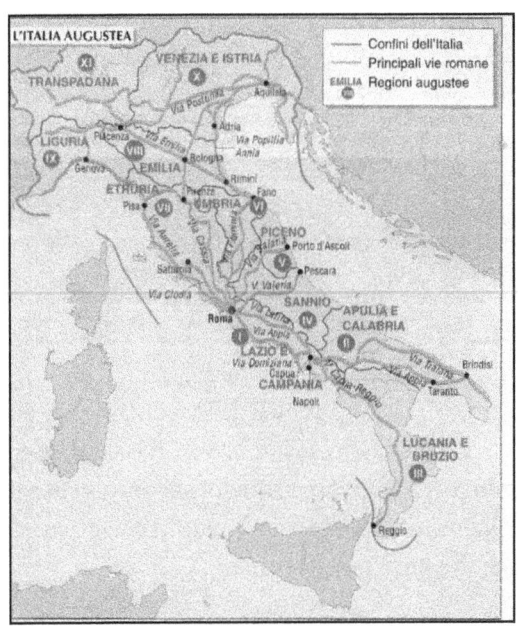

*(elab. da Aa.Vv., **In diretta**, Atlas edizioni, Bergamo, 2001, vol.1, p. 280)*

Trattiamo un periodo cruciale per la nostra civiltà, l'Italia dell'impero romano, dalla quale sono derivati tratti peculiari della nostra identità. Ciò allo scopo di rendere significativo lo studio della storia d'Italia per la comprensione del mondo attuale.

Nell'affrontare il tema dell'Italia nel periodo imperiale conviene recuperare alcune informazioni di base e definire un periodo di riferimento:

a. già durante il periodo della repubblica, i popoli italici conquistati da Roma, pur conservando tratti culturali particolari, subirono il processo di romanizzazione che li portò a condividere con Roma una lingua ufficiale, il latino, la cittadinanza, le leggi, l'organizzazione politica e amministrativa;

b. dato che l'impero fu istituzione che durò circa cinque secoli, si consiglia di circoscrivere la descrizione della situazione dell'Italia al periodo tra I e II secolo d. C., quando l'impero raggiunse il massimo sviluppo.

In tale ampio contesto, l'Italia ebbe posizione peculiare e privilegiata sotto *vari aspetti* rispetto agli altri territori e province.

L'Italia nell'impero

L'Italia era geograficamente e politicamente al centro di un impero che mai si era visto così grande. Era la provincia più densamente popolata con circa 10 milioni di abitanti.

L'Italia era collocata al centro del Mediterraneo romano in posizione privilegiata rispetto ai commerci, alle vie di comunicazione e agli scambi culturali. Pur essendo ancora essenzialmente una terra di contadini, era costellata da numerose e popolose città di antica o recente fondazione romana.

L'Italia e le sue trasformazioni

Roma per prima e tutta l'Italia conobbero un grande slancio economico: vasti programmi di sviluppo edilizio procuravano lavoro a molte persone, furono costruiti acquedotti, ponti, si riattarono strade, furono lastricate quelle più battute e i viaggi furono resi più sicuri con l'istituzione di posti di blocco lungo la rete stradale. Ristrutturazioni territoriali, bonifiche, centuriazione, trasformarono la natura incolta in un paesaggio agrario collegato ad un sistema di comunicazioni viarie. La centuriazione in particolare fu uno strumento per razionalizzare e organizzare la proprietà fondiaria a favore della piccola proprietà terriera e limitare il latifondo incolto.

Questo sviluppo economico favoriva un'intensa urbanizzazione: le città dell'Italia fiorirono, furono arricchite di monumenti, porte, mura, mercati, ne furono fondate di nuove, e tutte costituivano poli d'attrazione per le popolazioni locali e incentivavano il processo di diffusione della cultura romana.

L'Italia privilegiata

L'Italia era una provincia senatoria e godeva di uno status speciale nella gestione del potere pubblico: era amministrata solamente da senatori e appartenenti all'ordine equestre di origine italica. La nobiltà italica aveva incarichi di rilievo: erano procuratori e centurioni; fare parte della guardia pretoria era sua prerogativa esclusiva.

Solo alla fine del II secolo d. C. furono ammessi a far parte del senato senatori non italiani, ma gli italici rimasero la maggioranza.

L'Italia era esentata da imposte dirette sulla proprietà o sulle persone, mentre pagava solo tasse indirette quali pedaggi, dogane, diritti di pascolo e di occupazione di suolo pubblico.

L'Italia sede dell'impero

Al centro dell'Italia era collocata Roma, la sede dell'autorità imperiale e dell'amministrazione. Roma era di gran lunga la più popolata città del mondo antico con circa un milione di abitanti e, perciò, principale luogo di scambio commerciale tra Oriente ed Occidente. Migliaia di persone affluivano quotidianamente nella capitale via mare e via terra da tutte le regioni dell'Impero.

Esisteva una netta differenza tra il vivere a Roma o nelle altre città italiche; gli abitanti della capitale godevano di privilegi ed elargizioni, di continui approvvigionamenti alimentari oltre che di offerte culturali e artistiche, di strutture pubbliche come biblioteche e scuole. Anche tra città e campagna, ovviamente tenendo conto del ceto sociale, la qualità di vita differiva: era migliore e più agiata per i cittadini, che usufruivano di servizi pubblici come terme, acquedotti, teatri e circhi. Nelle città il contrasto sociale tra ricchi e poveri era evidente, in maggior grado a Roma.

L'Italia e le diversità regionali

Nell'Italia settentrionale si sentirono in grado elevato gli effetti dello sviluppo economico e della pace apportata dall'impero dopo lo sconvolgimento delle guerre civili. Nuove città furono costruite alla base dei valichi montani, quali Susa e Aosta, e sui confini orientali, come Aquileia; alcune città, come Torino e Verona, conservano tutt'oggi il tracciato stradale di base dell'epoca imperiale.

Le regioni appenniniche del Centro Italia videro lo sviluppo urbano di piccoli centri dotati di mura fortificate, ma l'attività prevalente era ancora la pastorizia e la transumanza era una caratteristica tipica dell'economia locale.

La regione più prospera divenne la Campania, accanto al Lazio e all'Etruria. Il porto di Pozzuoli assunse grande importanza per i commerci con l'Oriente. Uomini facoltosi costruivano ville lussuose sul golfo di Napoli, destinate allo svago e al riposo, come anche a Pompei e sulle colline attorno a Roma.

Questa situazione era fortemente in contrasto con quella del Mezzogiorno d'Italia, dove le città non erano certamente prospere; gran parte del terreno era destinata all'allevamento del bestiame e lasciate a pascolo, anche se non mancavano le coltivazioni di grano, vite, ulivo e ortaggi. Ogni zona tuttavia produceva abbastanza cibo per gli abitanti.

Un crogiolo di popoli

L'Italia si presentava come un crogiolo di popoli, luogo di incontro di civiltà diverse che gravitavano su Roma.

In Italia convivevano credenze pagane, culti di origine orientale quali quelli di Mitra e di Iside, l'ebraismo, il cristianesimo. Quest'ultimo era seguito da alcune migliaia di persone appartenenti a tutte le classi sociali, organizzati in piccole comunità cittadine, come Siracusa, Napoli e Roma, e costituite da semplici fedeli e dal clero, con a capo un vescovo. La fede cristiana si fondava su valori diversi dalla tradizione romana: in particolare affermava l'uguaglianza tra tutti gli uomini e, in nome dell'unico Dio, rifiutava di venerare le divinità pagane e l'imperatore. Per queste ragioni il cristianesimo era ritenuto una minaccia per l'ordine pubblico e pertanto perseguitato dalle autorità in alcuni periodi.

Il processo di romanizzazione

Il processo di romanizzazione dei popoli italici rappresenta un fenomeno di costruzione di unità politica e omogeneità culturale, al di là di ogni referenza etnica o geografica; un processo attuato nell'arco di alcuni secoli.

Suggerimenti didattici

Si possono proporre attività sul testo stimolando gli allievi a:
- disporre sul grafico temporale il periodo e la durata dell'impero, individuando il secolo di massima espansione e di massimo sviluppo dell'Italia;
- individuare la localizzazione della penisola rispetto all'impero e al Mediterraneo;
- disporre sulla carta geostorica i luoghi nominati;
- raccogliere in sintesi le informazioni circa la posizione, i fatti, i motivi che facevano dell'Italia una regione privilegiata nell'impero;
- esporre brevemente il concetto di romanizzazione.

Riferimenti bibliografici

L'Italia dei popoli italici
Atlante di archeologia (1996), UTET, Torino.
Guilaine J. (a cura di) (1995), *La Preistoria da un continente all'altro*, Gremese Larousse, Roma.
Leroi-Gourhan A. (1961), *Gli uomini della preistoria*, Feltrinelli.
Maiuri A. (1960), *Arte e civiltà nell'Italia antica*, TCI, Milano.
Pace G. M. (1993), *Gli italiani dell'età della pietra*, Longanesi & C., Milano.

L'Italia nell'impero romano
Storia di Roma (1991), *La repubblica imperiale*, vol. 1, tomo 1. *L'impero mediterraneo*, vol. 2, tomo 1, Einaudi, Torino.
Saller G. (2003), *Storia sociale dell'impero romano*, Laterza, Bari-Roma.
Wells C. M. (1995), *L'impero romano*, il Mulino, Bologna.

Storie d'Italia nella scuola secondaria di II grado

di *Paola Lotti*

Premessa

Il mio lavoro riguarda un percorso didattico relativo alla formazione dell'Unità d'Italia inserito sia in un contesto europeo e mondiale sia in un processo comparativo, in modo tale da evitare dal punto di vista didattico alcuni problemi presenti con una certa sistematicità nei manuali in adozione e nella pratica quotidiana quali, ad esempio:
1. la netta separazione tra la situazione politico-istituzionale mondiale-europea e quella della penisola italiana a fine Settecento-metà Ottocento;
2. la trasformazione da penisola frammentata a Stato nazionale vista come un'eccezione politica rispetto ad altre aree geografiche;
3. la trattazione di Risorgimento e Unità alla fine dei manuali delle classi 4°, come se fossero capitoli da affrontare a fine anno scolastico, tempo permettendo;
4. la difficoltà da parte degli studenti, per come sono strutturati i manuali, di costruire un sistema di conoscenze tali da permettere confronti politici, comprendere le trasformazioni, collegare i processi.

Quest'ultimo punto non è da trascurare se pensiamo al fatto che gli studenti della scuola secondaria di secondo grado trattano fin dalla classe prima, in vari modi, le storie d'Italia: dal popolamento della penisola alle successive colonizzazioni, dall'ambiente e dal patrimonio alla geostoria, dai Comuni agli Stati regionali e così via. Ma le informazioni e i processi di trasformazione, i quadri di civiltà rimangono fra loro separati così da impedire la sistematizzazione delle conoscenze[1], la costruzione di un lungo processo di trasformazione e, non ultimo, la problematizzazione sui motivi per cui proprio dopo la seconda metà dell'Ottocento la penisola diventa uno Stato nazionale.

Le opportunità di un insegnamento delle storie d'Italia per gli insegnanti e gli studenti sono molte; senza stravolgere i propri metodi didattici e senza inventare niente di nuovo, si può pensare a un uso diverso dei manuali in adozione, ad esempio, con alcune tematizzazioni sul lungo periodo, con percorsi interdisciplinari e/o comparativi. Inoltre, le risorse della rete offrono molti spunti e possibilità di lavoro, soprattutto nel caso in cui nelle classi ci sia a disposizione la LIM. Penso al biennio e a un percorso interdisciplinare sull'Italia nello spazio mediterraneo tra VIII sec. a C. e il I a.C., tra ambiente geografico e rotte commerciali, tra patrimonio artistico e culturale, tra mito e realtà; oppure sulle trasformazioni ambientali della penisola in età antica (strade, acquedotti, città, campagne); o ancora sulle organizzazioni politiche in età antica seguendo un'attività di tipo comparativo nel Mediterraneo[2]. Il senso delle attività strutturate come processi di trasformazione o come tematiche di ampio respiro abituano gli studenti a lavorare sui testi, sulle imma-

---

[1] Sui sistemi di conoscenze si veda il contributo di I. Mattozzi, *Costruire un sistema di conoscenze sulla storia d'Italia*, in questo volume.

[2] Alcuni manuali recenti e non sono costruiti in modo tale da suggerire/favorire, meglio di altri, alcune tematizzazioni; ad esempio, A. Brusa, *L'atlante delle storie, L'alfabeto della storia. La storia dalle origini dell'uomo alla fine del mondo classico*, vol.1, Palumbo editore, Palermo, 2010; oppure il manuale di storia, *Storia contemporanea*, progetto editoriale di F.Benigno, C. Donzelli, C. Fumian, S. Lupo, I.Mineo, ed. Donzelli, Roma, 1997.

gini, sulle carte, a focalizzare concetti, a costruire concettualizzazioni, a capire insomma che l'Italia non c'è solo nel manuale di 4° come Risorgimento e Unità.

Alcune proposte di percorsi sulle Storie d'Italia

Quando a scuola si parla di storia d'Italia il riferimento va immancabilmente al Risorgimento; ma se parliamo invece di storie d'Italia potremmo pensare a un curricolo quinquennale, in verticale, che permette di lavorare nelle classi per una costruzione armoniosa e coerente almeno per alcuni grandi temi, con alcuni presupposti: lavorare sul lungo periodo, con una prospettiva anche mondiale e/o comparativa, partire e arrivare al presente, tematizzare/problematizzare, usare costantemente strumenti quali carte, tabelle di riepilogo, mappe, immagini, la rete.

La tabella seguente vuole solo fornire qualche esempio di tematizzazione ma anche di percorsi o attività da svolgere con le classi:

classi	tematiche			
	Cittadinanza e costituzione, educazione al patrimonio	Geostoria	Organizzazioni politiche e istituzioni	Letteratura e storia
Primo biennio	• Strade, acquedotti, città, porti dell'Italia nel mondo antico e nel Medioevo • Le tracce e le storie in città…	• L'Italia e il Mediterraneo: rotte commerciali e scambi, colonizzazioni	• Le organizzazioni politiche e le istituzioni nell'età antica (Mediterraneo, Oriente, Mondo) • La nascita e gli sviluppi dello Stato della Chiesa (III s. d.C. XI)	• L'Italia nella rappresentazione letteraria antica (epica); il mito e la realtà

				Le istituzioni medievali dell'Italia e d'Europa (percorso comparativo)	
Secondo biennio	• Le cacce ai monumenti; • Itinerari turistici sul Risorgimento (vie, piazze, monumenti)	• Dall'economia mercantile all'economia mondo (rotte commerciali, scambi, colonizzazioni)	• Dai Comuni agli Stati regionali • Dalle monarchie feudali agli Stati nazione		• Il problema politico italiano nella letteratura, da Dante a Manzoni

La costruzione di un grafico temporale, aggiornato di anno in anno, permetterebbe agli studenti di tenere sotto controllo le durate, le permanenze, le contemporaneità di processi delle storie d'Italia, evitando così la frammentazione delle informazioni e delle conoscenze.

U.D.A. sulla formazione dello Stato-Nazione

L'U.D.A. (Unità Di Apprendimento) che riguarda la formazione dello Stato italiano è inserita in un percorso più ampio, il processo di trasformazione sulla formazione degli Stati nazioni, dal 1780 al 1860, con la possibilità di sforare cronologicamente al 1914 nonostante subentrino problemi legati al passaggio tra la classe 4° e 5° e al cambio del volume dei manuali in uso. Tuttavia, è pur vero, che si potrebbe pensare a risorse della rete per affrontare tutto il percorso. I testi storiografici di riferimento sono Ch. Bayly, *La nascita del mondo moderno, 1780-1914* e L. Villari, *Bella e perduta*[3] che danno motivazioni prima di tutto sulla scelta della pe-

---

[3] C. Bayly, *La nascita del mondo moderno, 1780-1914*, Einaudi, Torino, 2007; L. Villari, *Bella e perduta, l'Italia del Risorgimento*, Laterza, Roma-Bari, 2009.

riodizzazione, diversa da quella in uso nei manuali scolastici, e impostano la trattazione in un'ottica mondiale il primo e almeno europea il secondo.

La parte iniziale dell'U.D.A., dunque, presenta insieme al presente come aspetto motivazionale, anche l'analisi svolta con gli studenti di alcuni problemi legati alla periodizzazione, dei processi politico-istituzionali in aree geografiche diverse (Sud America, Asia), delle relazioni tra la storia d'Italia e la storia europea e del mondo.

Pertanto, il manuale in adozione viene utilizzato per le seguenti attività:

1. analisi dell'indice relativo alla formazione dell'Italia e alla formazione degli Stati nazione in Europa e nel mondo;
2. individuazione, dall'indice, di termini, concetti, possibili relazioni tra capitoli e paragrafi;
3. considerazioni sul "peso" delle sezioni riservate all'unità d'Italia;
4. considerazioni su eventuali collegamenti presenti nel manuale;
5. smontaggio dell'indice e sua ricostruzione secondo la tematizzazione scelta;
6. individuazione nel manuale di carte e/o altri apparati funzionali all'attività;
7. costruzione del grafico spazio temporale relativo alla formazione degli Stati nazione e dell'Italia.

Il grafico, insieme ad alcune carte tematiche, permette agli allievi di visualizzare nel tempo e nello spazio il processo mondiale, europeo e italiano della formazione degli Stati nazione; in questo modo sono posti di fronte ad alcune relazioni che possono costituire il punto di partenza per lo sviluppo del sistema di conoscenze.

Carta 4. Rivoluzione e imperialismo, circa 1780-1830

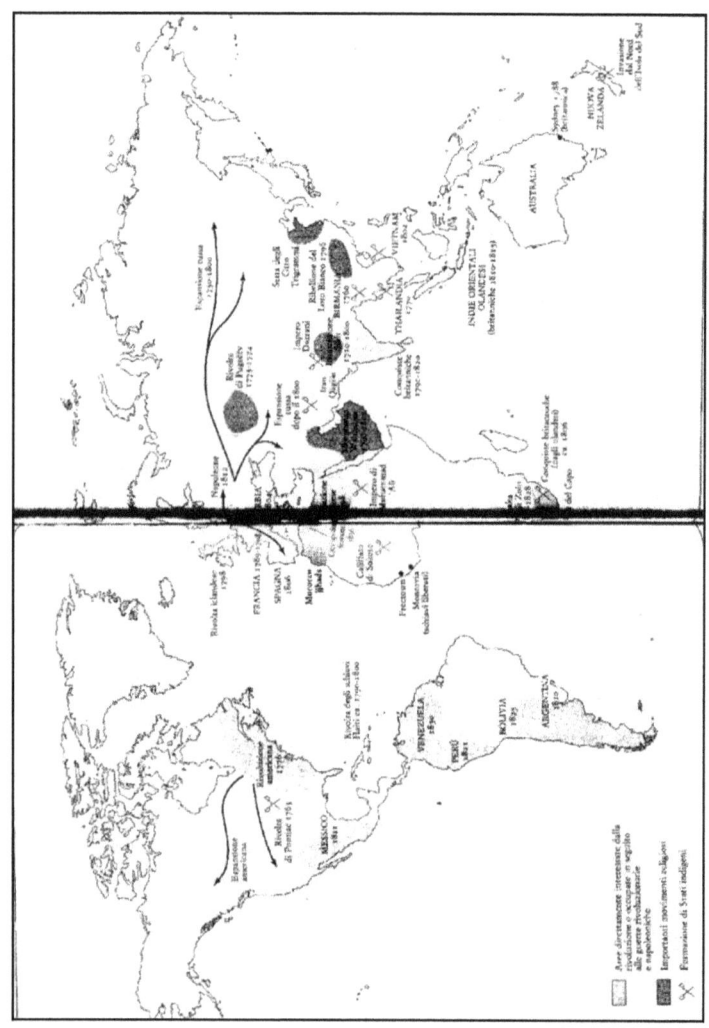

Carta 8. Nuove nazioni, nuovi imperi, circa 1860-1900

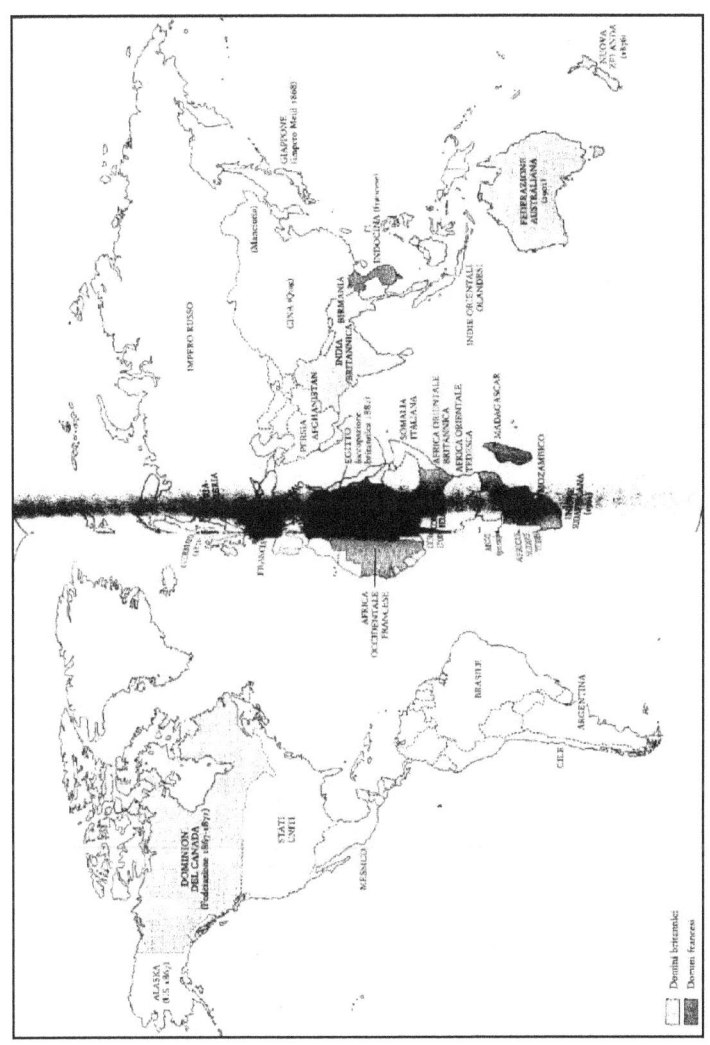

Il quadro generale[4] che si presenta sollecita gli studenti a porsi alcune domande riguardo al ruolo economico e politico della Penisola nel primo Ottocento rispetto all'Europa, alle questioni di politica internazionale, agli sviluppi ideologici e alle loro finalità rispetto al processo di trasformazione verso lo stato unitario.

La schematizzazione poi della situazione iniziale politico-istituzionale europea a inizio '800 e intorno agli anni '70 del XIX secolo favorisce una serie di considerazioni sulle trasformazioni avvenute.

L'insistenza didattica sui collegamenti è fondamentale per arrivare coerentemente alla costruzione dell'unità d'Italia, evitando le "camere stagne" dei singoli capitoli dei manuali. Inoltre, la problematizzazione in chiave mondiale chiarisce come il processo di trasformazione non sia identitario di un luogo geografico, non appartenga a un popolo o a una sola parte della Penisola, non sia un'eccezione. Dal punto di vista storiografico, i due testi di riferimento evidenziano come

«alcune tendenze storiche e certe sequenze di eventi possano venire collegate, rilevando l'interconnessione e l'interdipendenza dei cambiamenti politici e sociali a livello planetario ben prima del supposto inizio della fase contemporanea di globalizzazione successiva al 1945»[5].

A questo punto l'U.D.A. prosegue con la ricostruzione del processo di trasformazione vero e proprio:
1. Ricostruzione degli avvenimenti e i contesti generali
2. Relazioni tra fattori politici ed economici
3. Le permanenze
4. Concettualizzazione di Stato-nazione.

---

[4] Le carte sono tratte da C. Bayly, *La nascita del mondo moderno*, op. cit., pp. 80- 81 e 130-131.
[5] C. Bayly, *La nascita dello Stato moderno*, op. cit., p. XIX.

Un'altra proposta

Riguardo al percorso sull'unità è possibile anche affrontare un problema comparativo tra la storia d'Italia e quella della Germania. Testo storiografico di riferimento è *L'unificazione in Italia e in Germania* di Marco Meriggi[6]. La lettura in classe di alcune pagine del volume permette agli studenti di problematizzare riguardo all'unificazione dei due Paesi che presenta uno schema apparentemente analogo, ad esempio, la presenza delle due dinastie più potenti. Accanto alle analogie, però, emergono differenze di carattere economico, sociale e politico. Dal punto di vista didattico è interessante partire dalla situazione descrittiva iniziale della frammentazione politica e della presenza di un nemico comune, l'Austria; nella ricostruzione del processo emergono poi i complessi fattori anche economici oltre che ideologici che portano a individuare e a capire la nascita in parte intenzionale in parte accidentale dei due Stati nazionali, il sostegno di movimenti politici e il consolidamento di due monarchie non del tutto emancipate dalle proprie radici autoritarie.

Conclusioni

Le proposte didattiche presentate sono finalizzate alla costruzione di un curricolo verticale, alla necessità di fornire strumenti per la formazione di un sapere storico coerente e alla relazione tra avvenimenti, situazioni, processi in un'ottica europea e mondiale. La selezione tematica tenta sia di limitare l'accumulo e la sovrapposizione di informazioni, che poi vengono perdute per strada dagli studenti, sia di ottimizzare il tempo scuola previsto per la disciplina

---

[6] M. Meriggi, "L'unificazione nazionale in Italia e in Germania", in *Storia contemporanea*, Manuale di storia Donzelli, ed. Donzelli, Roma, 1997, pp.129-150.

storia che, negli Istituti tecnici, è di 60-65 ore annue. Non ultimo, cerca anche di motivare gli allievi a studiare la storia.

Costruire il sistema delle conoscenze sulla storia d'Italia

di *Ivo Mattozzi*

Introduzione

«*Gli studenti in realtà hanno a che fare con le storie d'Italia in vario modo fin dal biennio in storia o in letteratura o in arte ma non se ne accorgono. Gli studenti non dispongono sempre di strumenti per collegare le conoscenze nel tempo e nello spazio e creare "il sistema" della storia d'Italia*».
(dalla relazione di Paola Lotti al corso della Scuola Estiva di Arcevia 2010)

Un difetto di uso di singole conoscenze per combinarle in un sistema di conoscenze: questo Paola Lotti nota negli studenti delle scuole superiori. Esso è l'esito di un curricolo che non ha posto ai processi di insegnamento e di apprendimento l'obiettivo di rendere abili gli alunni a pensare e immaginare l'Italia nella storia man mano che ne studiano qualche civiltà o qualche trasformazione o qualche fenomeno o qualche evento.

Dobbiamo dunque capire come far apprendere le storie d'Italia fin dalla scuola primaria in modo che via via lungo il curricolo le singole conoscenze apprese di volta in volta vadano a sistemarsi in una configurazione che faccia pensare gli stati sincronici (le situazioni) dell'Italia e le sue trasformazioni nei lunghi periodi.

Questo problema didattico, però, presuppone la soluzione di due altri problemi, epistemologico il primo, metodologico, il secondo:
1. come pensare le storie d'Italia da insegnare?
2. come insegnare le storie d'Italia?

Pensare le storie d'Italia

A proposito della storia "nazionale" alcuni storici hanno costruito una teoria storiografica che fa immaginare che la storia costruita (storiografia) sia lo specchio della storia fatta. Con tale presupposizione tendono a pensare che la storia costruita possa avere organicità logica solo se nella storia fatta si trova un filo conduttore o una storia unitaria o una continuità di svolgimento: insomma, essa è realizzabile purché il soggetto della storia sia riconoscibile e resti il medesimo. La molteplicità dei soggetti e la discontinuità verrebbero, invece, rispecchiate da una storiografia frammentaria e disorganica. In conseguenza di tale teoria, Benedetto Croce ha potuto affermare che non esiste una storia d'Italia prima del 1861, quando lo stato unitario divenne il soggetto stabile della produzione di storia. In alternativa si è cercato il filo conduttore nella nascita della nazione italiana in età medievale. In tal caso è la nazione il soggetto che conferisce l'unità alla ricostruzione storica. Ma in tal caso la storia precedente l'anno Mille è considerata estranea al passato del popolo italiano che vive nel XXI secolo.

Possiamo modificare l'approccio sia in ossequio alle esigenze della formazione storica scolastica sia con un'analisi meno stereotipata del genere storiografico che chiamiamo "storia generale".

Quel che si insegna a scuola è la storia generale di secondo grado. Essa viene prodotta come la sintesi delle storie generali che riguardano questo o quel settore, questo o quel tema, questo o quel paese. Per lo più il campo della sintesi è quello delle vicende politico istituzionali, come se esse avessero il potere di fornire le vertebre costituenti la spina dorsale della continuità della narrazione storica e il fondamento per tutte le altre conoscenze.

Non c'è nessuna natura della storia che imponga la struttura della storia generale scolastica ereditata. Essa è soltanto una presupposizione generata dalla abitudine a considerare la conoscenza del passato come funzionale all'esercizio delle attività politiche e alla comprensione delle vicende geopolitiche.

Proviamo a cambiare rappresentazione. Partiamo dall'idea sensata che la conoscenza del passato sia il risultato di una costruzione metodica che non è tenuta ad essere il riflesso della presunta realtà del passato che non esiste più. La storia generale ha le potenzialità per produrre rappresentazioni molto diverse da quelle a cui la tradizione ci ha abituato e può escogitare fili conduttori e continuità adeguate alle tematizzazioni che preferisce.

Essa può costruir la conoscenza di visioni d'insieme, sinottiche, di vasti e variegati territori, di molteplici aspetti di società, di presenze contemporanee di civiltà diverse. E lo può fare assumendo le scale più diverse, da quella regionale a quella nazionale a quella continentale o, addirittura, mondiale. Può rispondere alla domanda "come era il mondo in questo o quel periodo?". Ma gli oggetti più appropriati per la storia generale, quelli preclusi alle ricerche monografiche, sono i fenomeni collettivi e quelli che si generano grazie alla convergenza di miriadi di eventi, di fatti, di iniziative individuali e di gruppi, di decisioni e indecisioni politiche e si estendono ad ampie porzioni di mondo e di umanità. Essi sono i prodotti di processi di grande trasformazione. In tal caso la storia generale risponde alla domanda "come si è potuto verificare un fenomeno così complesso e ampio?"

La conoscenza che possiamo costruire, in primo luogo, riguarderà proprio gli stati di cose che man mano hanno caratterizzato l'Italia con la varietà delle situazioni e degli aspetti e le mutazioni macroscopiche che hanno di periodo in periodo trasformato quelle situazioni.

Una storia ignominiosa?

La storia d'Italia che si insegna tutt'ora è figlia della rappresentazione storica costruita durante il periodo risorgimentale.

L'idea di nazione e di unità nazionale è all'origine dei movimenti che hanno costituito il processo di unificazione. Ma essa ha anche generato un cattivo modo di rappresentare la storia d'Italia. Infatti, il Risorgimento ha avuto bisogno di dannare il passato e la memoria degli stati italiani preunitari, di ricollegarsi all'unità e alla grandezza dell'Italia romana –quando la romanizzazione dei popoli italici aveva generato quella che poteva essere considerata la prima "nazione" italiana–. Per il seguito occorre saltare all'età comunale e all'umanesimo e al Rinascimento per sentire un passato di cui essere fieri.

I versi del "canto degli italiani" nel 1847 (l'inno di Mameli e di Novaro) sintetizzano il comune sentire dei "patrioti" risorgimentali: l'Italia s'è desta / dell'elmo di Scipio / sì è cinta la testa"...Legnano... calpesti e derisi: sono le parole che evocano le immagini della grandezza di Roma e dell'età comunale e poi la vergogna della oppressione)

Uno storico accademico ha sintetizzato in poche righe la visione che è stata elaborata per la storia di un millennio e mezzo circa.

«In Italia, dal declinare dell' Impero romano alle invasioni e alle dominazioni barbariche, è tutto un disgregarsi, un esaurirsi di forze morali e materiali, un triste e stento vivere di gente povera, umiliata, avvilita, imbarbarita, oppressa da dominatori stranieri. È storia quella di Goti, di Longobardi, di Bizantini, di Franchi in Italia, non è storia dell' Italia, degli Italiani. Nei due secoli IX e X, l' Italia perde quasi la sua stessa fisionomia di unità geografica-politica: il Nord della penisola è attratto

nell'orbita imperiale dell' Europa centrale; il Sud e la Sicilia sono tesi verso l'Africa musulmana»[1].

Ma gli indigeni non avevano a che fare con i Goti ecc.? E gli indigeni non erano i progenitori degli italiani "medievali"? Non c'erano "italiani" a nord, e a sud in Sicilia? La storia dei Goti e dei Longobardi e dei bizantini e degli arabi non si intrecciava con la storia degli "italiani" costituendo una sola storia?

La genesi della negazione sta nella idea che l'oggetto degno di storia siano i detentori del potere politico e che una nazione che non riesce ad esprimere i potenti è fuori della storia. Poiché gli "italiani" erano soggetti al potere di governanti espressi da altri popoli essi erano considerati anche soggetti di una storia vergognosa. È tale idea che ispira la storiografia che costruisce la storia da insegnare.

Gli stati preunitari erano rappresentati in un libro destinato agli alunni della terza elementare durante gli anni novanta del secolo XIX, così:

«*Circa cinquant'anni fa il popolo si trovava in condizioni molto misere. Viveva in abitazioni scomodissime, sudice e buie, le città eran molto diverse da quelle d'oggi, e di notte le strade venivan lasciate spesso al buio. Era quindi pericoloso uscir di casa. I cittadini dovevano ubbidire ciecamente ai capi, e senza il permesso di essi, non potevano far nulla, neppure le cose più innocenti. Nel Napolitano a volte per andare da una città all'altra occorreva aver ottenuto prima il permesso del Re.*

Nel Piemonte e in altri stati era proibito agli artisti pronunziare in teatro la parola libertà. In vari stati i cittadini non eran liberi nemmeno di leggere tutti i libri che a loro piacevano. [...] I pessimi sistemi sopra descritti avevano stancato le popolazioni, che reclamarono governi miti e premurosi del bene di tutti»[2].

Nei decenni successivi al 1861, nella storiografia accademica e in quella manualistica si irrigidì la rappresentazione secondo la

---

[1] N. Rodolico, *Storia degli italiani: dall'Italia del Mille all'Italia del Piave*, Sansoni 1964, p. 4.

[2] Giovanni Bonacci in *Il Risorgimento Italiano e i suoi piccoli eroi. Notizie storiche per la terza elementare conforme ai vigenti programmi*.

quale la fine dell'impero romano e dell'Italia romana aprì il periodo "barbaro" e di arrivo di dominatori stranieri. La frattura della civiltà venne attribuita al dominio longobardo. Secondo la immagine stereotipata la genesi della nazione sarebbe avvenuta nel tardo medioevo e si sarebbe manifestata con gli splendori della civiltà comunale. Ma dopo il primato dell'umanesimo e del Rinascimento la storia d'Italia diventa –nella rappresentazione storiografica– storia di dominazioni, sottomissioni, oppressioni, crisi, decadenza. Gli italiani sono rappresentati come calpestati e derisi. La loro riscossa si avvia con l'illuminismo e si afferma con il Risorgimento.

L'idea di nazione e la distorsione storica

Werner Kaegi, uno storico importante del '900, dall'osservatorio della Svizzera –piccolo stato, plurinazionale– ha indicato nell'idea di nazione la generatrice di molte distorsioni storiografiche (1940):

> «*La storiografia dell'Ottocento e del Novecento, è sempre stata dominata da un concetto fondamentale di origine non puramente storica, ma di filosofia della storia, mezzo biologico e mezzo filologico: il concetto di nazione. Da cento anni il mondo si è assuefatto a considerare la storia d'Europa come una storia di nazioni. Un tempo si scriveva la storia degli stati europei. L'idea di nazione, che come concetto storico fondamentale reca impresso fin dalla nascita il difetto della tendenza politica, ha provocato nelle cognizioni storiche dell'uomo di cultura europeo uno scompiglio non minore delle decretali pseudoisidoriane e di tutte le falsificazioni papali del Medioevo».*
>
> «*Anche se nessuno crede più seriamente alla genesi unitaria di una qualsivoglia nazione,* **natio** *continua per altro a significare una stirpe, ed il concetto di* **nasci***, insieme al nome della dea romana della generazione,* **Natio***, continueranno a colorire la parola del loro significato fin quando ce ne serviremo.*
> *Mentre la unità di lingua, legata al concetto di nazione ormai da intere generazioni, farà sempre rifluire nelle discussioni — come falso ingrediente — l'erronea immaginazione di una origine e storia unitaria di tutti coloro che parlano una lingua determinata.*

Ad una vera e propria falsificazione storica equivale il concetto di nazione appunto nel senso che a quella si attribuisce quando si parla della donazione di Costantino oppure dell'opera di Isidorus Mercator. Quel che in realtà è un programma, una velleità presente oppure proiettata nel futuro, viene spacciato come un dato di fatto del passato»[3].

Kaegi ha ragione di denunciare il mito dell'esistenza di nazioni pure e di rivendicare la realtà che nessuno dei popoli e degli stati europei possa vantare la purezza nazionale.

Ma non ha ragione di contrapporre l'idea di nazione a quella di Stato. Certo, la storiografia, tradizionalmente, si era dedicata a tematizzare questo o quello stato e –nel caso di storie generali europee– a trattare comunque di geopolitica come campo di conflitti e di competizioni e di alleanze tra stati. Ma anche per i nazionalisti la rivendicazione è quella che ad ogni nazione debba corrispondere uno stato. Perciò la nazione che non ha uno stato che la rappresenti nel consesso internazionale è "calpesta e derisa".

È proprio questo il modo di percepire dei patrioti: gli stati europei più importanti (Spagna, Francia, Inghilterra) hanno realizzato la coincidenza dello Stato con la nazione. In Italia tale coincidenza non si è verificata: c'era la nazione, ma non lo Stato nazionale, perciò nel consesso internazionale la nazione non contava e il passato dei secoli dell'età moderna è considerato fallimentare e disonorevole.

La rappresentazione si è trasferita nella manualistica e i capitoli dei manuali sono spesso intitolati alla crisi, alla decadenza, all'oppressione, al dominio straniero.

Sono i concetti e le valutazioni con cui gli storici hanno saputo costruire visioni generali rispetto al pluralismo e al particolarismo degli stati italiani.

---

[3] W. Kaegi, *Meditazioni storiche,* Bari, 1960, pp. 36-7. Kaegi fa riferimento alla falsità della donazione di Costantino scoperta da Lorenzo Valla e ad altri documenti papali che avevano deformato la verità della storia con le loro contraffazioni.

Perciò la storia dell'età moderna è quella peggio trattata nell'insegna-mento e quella più ignorata dagli studenti.

Ma come l'idea dell'unità delle nazioni spagnola, francese, inglese è un mito senza fondamenti nei dati fattuali, così è falso che il passato dei plurimi stati italiani preunitari durante l'età moderna fosse vergognoso.

A 200 anni dal processo risorgimentale siamo nella condizione di godere sia dei vantaggi e della fierezza dell'unità della nazione sia della possibilità di rappresentarci il passato dei tempi senza unità come importante e glorioso. Le grandi correnti della produzione artistica e musicale e letteraria, il grande pensiero scientifico, la produzione del bel paesaggio urbano e rurale sono fenomeni che si sono sviluppati nei quadri degli stati italiani. Insomma la civiltà italiana si è espressa anche quando gli stati erano molteplici e, in gran parte, condizionati dalle grandi potenze europee. A 150 anni dalla affermazione della unità statuale della nazione italiana, noi ci sentiamo gli eredi di quelle attività che ci hanno lasciato un grande patrimonio culturale e di esso ci vantiamo e lo mostriamo come "nostro" sia agli italiani che agli stranieri.

Ma non è solo il periodo percepito come vergognoso dai patrioti risorgimentali che annettiamo alla storia della nazione. Sentiamo come parte della nostra storia anche quella dell'Italia preromana fin dal paleolitico.

Cambiare rappresentazione

C'è uno storico che ha contestato la visione "risorgimentale" ed ha rivendicato la liceità di fare una storia d'Italia a prescindere dalla storia della nazione. Si tratta di Ruggero Romano:

> *«[...] io sono partito dal principio che era inutile cercare di tracciare una storia d'Italia che volesse essere una storia della «nazione italiana». [...] Ho cercato di darvi una risposta che valesse a togliere agli italiani*

in generale, e agli storici in particolare, i complessi d'inferiorità che avvelenano la nostra coscienza dell'essere italiani: cittadini di un paese che non esisterebbe prima del 1860 (allo stesso modo che non esisterebbe che dal secolo XIX la storia dì Belgio e Germania e Grecia, o anche di tutti i paesi dell'America detta latina...). Una di quelle insanità di cui bisogna vedere la responsabilità nelle boriose storiografie «nazionali» (francese, spagnola, inglese) del secolo XIX, e anche del XX...»[4]

E proponeva di fondare la storia continua sull'idea di "paese" o di comunità che condivide certi modi di vita e la cui storia si costruisce come intreccio di storie locali.

«Ma, in realtà come dice con bell'espressione R. Ceschi, «la storia nazionale si costruisce come somma e intreccio di storie cantonali ed è determinata da queste». Mi sembra quest'ultimo un punto sul quale anche noi italiani dovremmo riflettere: la storia d'Italia è «la somma e l'intreccio» (e soprattutto l'intreccio) delle varie storie locali. E il collante per questa operazione non può essere altro che quello che ho chiamato il paese, vale a dire gli elementi di base di una certa comunità italiana: il mangiare e il bere, le forme peculiari di religiosità, di giochi, di socialità e d'altro ancora; cose di cui il lettore troverà esemplificazioni più dettagliate –e, spero, convincenti– nelle pagine che seguono»[5].

«Reagire vuol dire ricordare ad alta voce che alle nostre spalle abbiamo trenta secoli di una storia che ci è comune per il bene e per il male, e sia pur tra vicende che hanno a volte separato gli italiani anche su periodi lunghi. Vuol dire che mangiare e bere, bestemmiare e sentire magico, un certo gusto estetico o il piacere della vita in piazza e tanti elementi ancora costituiscono un patrimonio comune alle genti del paese Italia, e sia pure in modo variegato. Significa ricordare che il mercato interno costituisce un ben preciso interesse di tutti gli italiani»[6].

Il patrimonio culturale fa modificare la visione

Allo scopo di legittimare una storia "nazionale" dai tempi lunghissimi (3000 anni), Romano propone un approccio antropologico.

---

[4] R. Romano, *Paese Italia*, *Introduzione*, Donzelli, Roma, 1997, pp. VII-VIII.
[5] *Ibidem*, pp. VII-VIII.
[6] *Ibidem*, p. XVI.

Un altro punto di vista può farci guadagnare le centinaia di migliaia di anni e risalire al tempo in cui la presenza umana è iniziata sul suolo italiano. Il punto di vista è quello di civiltà, intesa alla maniera di Lucien Febvre come il complesso degli elementi caratterizzanti la vita collettiva di gruppi umani, di popoli, di insiemi di popoli.

La voglia di unità nazionale è figlia delle storie molteplici d'Italia.

L'Italia unificata si colloca alla confluenza delle storie molteplici.

Quelle storie molteplici hanno prodotto segni di se stesse, le tracce che si sono depositate nei territori peninsulari e insulari. Le tracce sono assunte da noi come componenti del patrimonio culturale.

L'Italia unificata è l'erede del patrimonio culturale che si è generato grazie a quelle storie

Il patrimonio culturale è la fonte e il fondamento della ricostruzione di quelle storie. Le storie hanno prodotto molteplici civiltà e si sono svolte sullo sfondo delle civiltà. Dunque, patrimonio culturale e civiltà sono concetti chiave per fondare le storie molteplici in una visione d'insieme della storia d'Italia.

Il Neolitico a Piana di Curinga

È il titolo di una mostra allestita al Museo Nazionale Preistorico Etnografico "Luigi Pigorini" di Roma nel 2011. Non ho mai sentito nominare Curinga prima di ricevere l'avviso della mostra. Perché la notizia mi interessa e la inserisco come caso in questa riflessione su come insegnare la storia d'Italia? Mi interessa per tanti motivi legati alla passione per la conoscenza del passato, ma uno prevale in questo momento: mi fa conoscere un'altra tessera di quel puzzle che è la storia d'Italia. Perché lo considero un caso esemplare? Perché esso presenta tutti gli ingredienti che caratterizzano le conoscenze che riguardano il passato dell'Italia: un gruppo umano che si è insediato su di una porzione del territorio, le tracce che ha lasciato delle proprie attività, lo studio di esse per costruire la conoscenza, la valorizzazione delle tracce come beni culturali della regione calabrese e dell'Italia e della conoscenza da parte di associazioni e di istituzioni: insomma, tutto questo implica la rivendicazione di un legame tra quel passato così lontano ed il nostro essere qui ed ora. Sentiamo la storia del gruppo umano insediato nel territorio che ora si chiama Curinga come parte delle storie che sono confluite nelle nostre.

«L'insediamento neolitico di Piana di Curinga, lungo la costa tirrenica della Calabria meridionale, fu individuato grazie alle ricognizioni condotte tra il 1974 ed il 1977 da Albert J. Ammerman. Gli scavi consentirono il recupero di resti di intonaco di strutture abitative, di strumenti litici, per la quasi totalità in ossidiana proveniente da Lipari, e di una grande quantità di frammenti ceramici. Le decorazioni impresse sulla superficie dei vasi sono caratteristiche dello stile di Stentinello, la cultura neolitica identificata da Paolo Orsi nel 1890 a Stentinello presso Siracusa, estesa in tutta la Sicilia, e più recentemente riconosciuta in diverse località calabresi nelle provincie di Catanzaro, Crotone e Reggio Calabria e nell'isola di Malta, cronologicamente riferibile ad una fase evoluta del Neolitico antico (fine VII-VI millennio a.C.)»[7].

Sicché, veniamo a sapere che il gruppo umano insediato nella Piana di Curinga coesisteva ed aveva rapporti con i gruppi insediati in territori siciliani e calabresi e maltesi oltre 8000 anni fa. E le ceramiche e gli oggetti di ossidiana che esso ha lasciato sono esibiti come beni culturali che rivelano qualcosa del nostro passato.

---

[7] Il lavoro, realizzato da Rocco Purri nell'ambito delle attività dell'Associazione per la Ricerca e la Valorizzazione archeologica di Lamezia Terme, trae un ulteriore elemento di valorizzazione dalla collaborazione e dal sostegno concesso da numerose istituzioni, prima fra tutte la Soprintendenza per i Beni Archeologici della Calabria, che ha messo a disposizione i reperti conservati nel Museo Archeologico Lametino.
http://www.beniculturali.it/mibac/export/MiBAC/sito-MiBAC/Contenuti/MibacUnif/Eventi/
visualizza_asset.html_1693227245.html

E risalendo nel tempo potremmo arrivare fino al paleolitico inferiore (700 mila anni fa) quando è documentata la presenza umana in Italia centrale e meridionale. Tutti i gruppi umani che si sono succeduti ed hanno svolto attività nei territori che nel loro insieme sono stati chiamati Italia hanno generato la catena di generazioni che porta fino a noi. Perciò una storia generale dell'Italia deve sintetizzare le storie vissute sul suolo italiano dai diversi gruppi e popoli che man mano vi si sono insediati e vi hanno lasciato dei segni. La cultura storica di un cittadino italiano dovrebbe costituirsi con la conoscenza della storia generale d'Italia dal paleolitico al presente. Infatti, esistono storie d'Italia in uno o in più volumi che partono dal paleolitico ed arrivano al XX secolo. Ma esse sono considerate ammissibili come divulgative, mentre nel mondo accademico e dal punto di vista epistemologico si è contestata la fondatezza di una storia unitaria di così lunga durata. Nel curricolo scolastico la partizione annuale dei tempi storici accentua la disomogeneità e fa pensare che di anno in anno si studi una storia d'Italia che non ha continuità con quella che segue. Nelle indicazioni e nella manualistica non c'è una organica trattazione della storia d'Italia: essa è trattata come parte della storia generale del mondo occidentale. Ciò le fa perdere di rilevanza, specialmente per periodi in cui in Italia non si sono espresse potenze politiche egemoni nel Mediterraneo o in Europa.

Punto di vista delle civiltà

Dalla storiografia scolastica siamo indotti a pensare in termini di entità statuali la storia dell'Italia e degli italiani.

E questa visione ci fa contrapporre come incompatibili il periodo dello stato unitario al periodo degli stati molteplici divisi e "dominati" da potenze straniere.

La visione cambia se assumiamo il punto di vista della civiltà. Le civiltà hanno le loro durate, ma il processo di formazione e di trasformazione della civiltà è continuativo. E la civiltà è diffusiva e riguarda tutte le popolazioni che ne hanno condiviso i tratti peculiari.

Ecco, ad esempio, come può essere rappresentata la storia d'Italia nei tempi cosiddetti bui del Medioevo:

> *«L'Italia non passa attraverso una notte culturale. La fondazione del monastero di Bobbio (614) nell'Italia del Nord compensa in parte il declino di quello di Montecassino (580, restaurato nel 720). Le questioni religiose interessano la corte longobarda di Pavia, tanto è vero che i Dialoghi sono dedicati alla regina Teodolinda.*
> *Questi scambi sfociano, alla metà del secolo, nella conversione al cattolicesimo degli ex invasori ariani. La latinizzazione rapida di questi Germani agisce anche nel senso della continuità: quando nel 643 il loro re Rotari fa compilare e pubblicare una raccolta di leggi, queste sono completamente scritte in latino. Solo alcuni termini tecnici vengono adoperati nella loro originaria forma germanica. Verosimilmente la maggioranza dei Longobardi dimentica molto rapidamente il proprio idioma ed è assimilato dall'orbis romanus. Come in Gallia e in Ispagna, con un ritardo dovuto al loro arrivo posteriore, i Longobardi si amalgamano in un insieme etnico che non porta granché la loro impronta.*
> *Anche in assenza di grandi nomi, non è dunque presuntuoso pensare che l'Italia conosca un'attività intellettuale sufficiente per conservare il patrimonio del Tardoantico e preparare le fioriture dell'VIII secolo (che, a differenza della Francia, non deriveranno da una riforma volontaria, accompagnata da un appello all'immigrazione degli intellettuali)»*[8].

Questo estratto fa parte di un paragrafo che è intitolato *Resistenza e creatività dell'Italia*. In esso il tardo antico è rappresentato come un periodo di transizione e di evoluzione culturale, il periodo in cui le forze costruttrici del cristianesimo e dell'eredità culturale latina agiscono per plasmare una civiltà che certo è molto diversa da quella romana, ma è quella da cui si svilupperà la nazione italiana.

La rappresentazione cambia anche se attribuiamo alle entità politiche molteplici in età medievale e moderna il ruolo di produttrici

---

[8] M. Banniard, *La genesi culturale dell'Europa*, Laterza, Bari, 1994, pp. 110-111.

di caratteristiche della civiltà italiana e di beni culturali. Le tante capitali dei piccoli stati regionali e dei principati italiani ciascuna con le sue misure sono state tutte centri di produzione di cultura, anche dopo la fine del periodo glorioso dell'umanesimo e del Rinascimento, fino alla vigilia del Risorgimento.

E la ricerca degli storici mette a disposizione conoscenze numerose e di gran qualità sulle diverse regioni storiche, sulle diverse entità amministrative, sulle società, sulle culture, sulle economie sia per l'età medievale sia per l'età moderna sia per il secolo XIX. Si sono moltiplicate anche le storie generali locali. Insomma, ci sono le premesse per modificare la impostazione ricevuta.

Far apprendere le storie d'Italia come sistema di conoscenze

Attestiamoci sull'idea che i cittadini italiani dovrebbero apprendere conoscenze della storia d'Italia significative e utili per comprendere gli aspetti e i processi dell'Italia attuale, per sapere apprezzare il patrimonio culturale e saperne fruire con intelligenza. Questo risultato potrebbe essere raggiunto se le conoscenze proposte non fossero frammentarie e se esse fossero man mano sistemate in visioni di insieme. Nei piani di studio attuali e, conseguentemente, nei libri di testo le conoscenze della storia italiana sono proposte all'interno della storia generale che riguarda un mondo più ampio, in gran parte quello dell'Europa Occidentale. Sono pochissime le tematizzazioni che hanno un riferimento esplicito all'Italia.

1. Nei libri di testo e, dunque, nella progressione delle conoscenze della storia antica le civiltà sviluppatesi sul suolo italiano vengono intercalate rispetto a quelle sviluppatesi in altre terre. E alla fine la formazione dell'impero romano diventa il guscio all'interno del quale l'attenzione si focalizza su Roma oppure

sulle condizioni generali dell'Impero. Il che vuol dire che la conoscenza dell'Italia all'interno dell'impero è ridotta alla centuriazione e al sistema delle grandi vie consolari. Poi le ondate di invasioni sono presentate come disgregatrici della civiltà romana senza che si dia rilevanza alla formazione di una nuova civiltà e di una popolazione in cui si mescolano i sopravvenuti con gli indigeni dando origine ad una nuova nazione.
2. Nella scuola secondaria i temi attinenti alla storia italiana si alternano a quelli che trattano le vicende dell'Europa e degli stati europei. In molti casi sono introdotti all'interno di capitoli che tematizzano fenomeni a scala europea.
3. Per il periodo dell'unità, invece, i manuali danno evidenza alle conoscenze relative alla storia italiana in modo un poco più accentuato.

Il montaggio delle conoscenze nei manuali e nei piani di lavoro che ne ripetono la lista dei temi produce la frammentarietà delle conoscenze della storia italiana e destituiscono di rilevanza e di interesse molti periodi della storia italiana (quelli rappresentati come segnati da crisi, da decadenza, da debolezza), sicchè gli alunni si trovano a mal partito a studiarla e a darle un senso organico.

Il compito è dare agli studenti della scuola secondaria le conoscenze singole e sistemiche per comprendere attraverso quali processi di trasformazione l'Italia sia divenuta quel che è attualmente.

Come far apprendere le conoscenze d'Italia in modo sistematico?

Occorre rompere gli schemi narrativi del montaggio dei testi manualistici della scuola secondaria. L'insegnante che li adotta propone agli studenti l'intermittenza delle tematizzazioni dedicate alla storie d'Italia, che spesso si annullano di rilevanza dentro il mare delle informazioni sulla storia a scala europea. L'effetto è che gli alunni apprendono spezzoni di storie che da soli non riescono a combinare per costruire visioni d'insieme degli stati delle cose in un periodo determinato e dei processi consecutivi che li hanno trasformati di periodo in periodo ed hanno prodotto lo stato delle cose attuale.

Nella scuola primaria, grazie all'adozione del trattamento delle conoscenze per quadri di civiltà, lo schema narrativo è già superato. Si lavora per costruire la conoscenza di una civiltà alla volta. Alcune narrazioni possono essere introdotte per rendere conto sommariamente dell'origine e sviluppo e fine della civiltà. Ma la parte dominante è la descrizione degli aspetti caratteristici della civiltà tematizzata. Le conoscenze si susseguono come tessere di un mosaico incompleto che può dare la visione d'insieme di spazi in periodi determinati a condizione che l'insegnante guidi gli allievi a fare mappe spazio temporali, ad analizzare carte geostoriche, a leggere descrizioni di stati del mondo. Se tale attività si completa con quella della comparazione tra i diversi "stati del mondo", ne consegue che gli alunni hanno la possibilità di imparare la sequenza degli stadi che hanno caratterizzato di periodo in periodo lo spazio tematizzato. Applichiamo questa pratica al caso delle storie d'Italia. Potremo immaginare di far conoscere la situazione dell'Italia nel paleolitico, poi nel neolitico, di seguito nel periodo in cui i diversi popoli l'hanno popolata e infine dopo la romanizzazione. Così già nel primo approccio alla conoscenza storica gli alunni potrebbero avere idee chiare sui mutamenti che hanno riguardato il popolamento, le prime trasformazioni degli ambienti, l'urbanizzazione, l'estensione dell'agricoltura, le infrastrutture viarie e portuali, la formazione di paesaggi.

Questa modalità di approccio per quadri di civiltà e stati di cose può essere ripresa e consolidata nella scuola secondaria ed estesa agli altri periodi. Ma essa deve essere integrata con le conoscenze dei processi di trasformazione che hanno portato da uno stato di cose all'altro. Così gli alunni cominciano a conoscere le trasformazioni del popolamento e della civiltà nel periodo in cui longobardi e bizantini si sono divisi l'Italia e la popolazione che l'abitava ha accolto elementi degli uni e degli altri; poi nel periodo carolingio; di seguito nel periodo dell'Italia feudale, dei regni meridionali, dei comuni e delle signorie[9]; nel periodo rinascimentale e via via nell'Italia dei secoli XVII-XVIII con la rivoluzione scientifica e con l'evoluzione della cultura e delle arti. Nel corso del XIX secolo fino al 1918 i processi di unificazione statuale, di promozione dell'omogeneità nazionale, dell'industrializzazione settentrionale, di sviluppo della cultura e delle arti e di diffusione dell'istruzione, dei movimenti demografici si innestano sulla civiltà ereditata e la modificano. Infine, il XX secolo non si riduce al processo di trasformazione politica e istituzionale che porta alla Repubblica e alla democrazia costituzionale di oggi e all'adesione alla Unione Europea. Infatti, la civiltà italiana si è trasformata per effetto dei processi di formazione della società di massa e dei consumi, dell'emancipazione femminile, della industrializzazione diffusa e della meccanizzazione agricola, della diffusione della istruzione a tutti i livelli, dello sviluppo delle scienze e delle arti, dei movimenti demografici che hanno generato le trasformazioni territoriali, della secolarizzazione dei costumi.

Ovviamente, nella scuola media i processi di trasformazione potrebbero essere affrontati per linee più generali, mentre nella scuola superiore potrebbero essere intensificati gli aspetti problematici e le questioni collegate con le interpretazioni degli storici.

Costruire la visione sistemica della storia d'Italia comporta tre pratiche:

---

[9] I. Lazzarini, *L'Italia degli Stati territoriali: secoli XIII-XV*, Laterza, Bari, 2003. F. Salvestrini (a cura di), *L'Italia alla fine del Medioevo: i caratteri originali nel quadro europeo*, vol. 1, University Press, Firenze, 2006 (anno del Convegno 2000).

1. integrare quadri di civiltà (e/o stati di cose) e processi di trasformazione come elementi di una conoscenza unitaria; ma soprattutto
2. addensare le informazioni sparpagliate nei capitoli del manuale in una conoscenza organica.
3. impegnare gli alunni in attività di messa in relazione delle molteplici conoscenze apprese con lo scopo di formare le visioni d'insieme dei periodi e delle trasformazioni studiate.

Quali sono gli strumenti di organizzazione delle informazioni e delle conoscenze che agevolano la costruzione del sistema? Di prammatica grafici temporali e mappe spazio temporali. Ma mi pare che convenga mettere in rilievo le potenzialità che hanno le carte geostoriche e le rappresentazioni del patrimonio culturale italiano.

Carte geostoriche

Le carte geostoriche sincroniche rappresentano visivamente stati delle cose descritti per un determinato periodo. Esse si prestano ad agevolare la visione d'insieme e la lettura di fenomeni sincronici. Perciò sono particolarmente adatte a rappresentare la contemporaneità delle civiltà, le situazioni di qualunque genere. La sequenza delle carte gestoriche sincroniche che rappresentano come era l'Italia in periodi determinati può offrire agli alunni la possibilità di percepire le successive situazioni che hanno caratterizzato i territori nei tempi lunghi e l'analisi e il confronto tra una situazione e l'altra potrebbero far conoscere le trasformazioni che l'Italia e le popolazioni in essa insediate hanno sperimentato nel corso dei secoli. Le conoscenze dovrebbero riguardare in primo luogo le caratteristiche delle civiltà e aspetti di essa. Le conoscenze apprese mediante lo studio della carte geostoriche potrebbero essere il fondamento della formulazione di questioni che stimolano l'interesse verso la conoscenza dei processi di trasformazione. L'efficacia di questo procedimento didattico può diventare più potente se si integra con la conoscenza della esistenza delle tracce che permettono di costruire le conoscenze degli stati di cose e dei processi. Ma le tracce sono ora considerate e tutelate come beni culturali e, dunque, la prima approssimazione alla loro presenza nei diversi territori italiani si traduce anche nella scoperta dei beni culturali che compongono il patrimonio di cui abbiamo ragione di essere fieri e che è diventato una delle attrazioni.

I beni culturali come pietre miliari dei processi di formazione dell'Italia

Si immagini di far conoscere innanzitutto la stratificazione dei beni culturali presenti sul territorio italiano nei siti archeologici, nei centri storici delle città e dei paesi, nei musei, nelle gallerie. Essa fornirebbe i punti di appoggio per pensare e apprendere sia l'attuale situazione in cui, nel presente, assumiamo il ricco patrimonio culturale come segno diffuso della nostra appartenenza alla comunità nazionale sia come complesso di tracce delle attività dei gruppi e dei popoli e della gente che ha popolato e plasmato il territorio italiano. Gli alunni imparerebbero, in primo luogo, che quel che possiamo sapere del passato dell'Italia dipende dalla presenza di quei complessi di tracce. E questo giova alla maturazione del pensiero storico. In secondo luogo, avrebbero la possibilità di rendersi conto della loro diffusione e distribuzione e della presenza degli istituti di conservazione e tutela. Il beneficio conseguente è che verrebbe promossa la conoscenza che contribuisce alla educazione alla cittadinanza. Le carte archeologiche sono pubblicate. Altre carte potrebbero essere con semplicità realizzate grazie alla disponibilità dei dati sui siti web: carta dei centri storici medievali e moderni, carte che possono rappresentare la distribuzione degli archivi statali, comunali e provinciali, carte che rappresentano la distribuzione dei musei, delle aree archeologiche industriali, dei musei etnografici. Ovviamente questa impostazione contravviene allo stereotipo che ci fa pensare alla inevitabilità della narrazione quando si insegna storia. E costringerebbe ad allestire attività laboratoriali nelle quali il mondo digitale verrebbe assunto come strumento importante di reperimento e di elaborazione dei dati. Ma il vantaggio sarebbe che l'apprendimento della storia si carica di significati e di aspettative legate alla riflessione sull'Italia attuale.

Storie a scala locale e storie d'Italia

In questa prospettiva le storie a scala locale potrebbero essere incluse nei piani di lavoro in due modalità:
1. come studio di casi che introducono alla conoscenza delle condizioni generali dell'Italia o di una parte di essa o dei processi che via via hanno generato trasformazioni significative. Ad esempio, la conoscenza della struttura degli stati italiani in età moderna potrebbe essere appresa studiando innanzitutto quello sul cui territorio si trova oggi la scuola. Essa metterebbe nella condizione di costruire la conoscenza delle strutture generali e delle differenze tra gli stati. Inoltre, potrebbe rendere agevole lo studio e la comprensione dei mutamenti avvenuti durante il periodo. Ragionamento simile può farsi per tanti altri aspetti e processi storici significativi relativi alla demografia, ai flussi migratori, all'economia, alle strutture sociali, alla cultura, al costume. Le regioni storiche e i diversi territori italiani hanno avuto ciascuno una storia, ma essa si è interrelata con quella di altre regioni e territori e si è caratterizzata per fenomeni che si sono dispiegati a scala nazionale.
2. Ma la storia d'Italia è in ogni tempo alla convergenza di molte storie particolari di territori, più o meno ampi, che hanno fatto

parte di comuni, di regni e repubbliche e principati regionali oppure di piccoli principati e piccole repubbliche. Esse, ciascuna a suo modo, sono particolari e tutte sono interessanti. Vale la pena che gli studenti conoscano aspetti e processi storici che hanno segnato i territori nei quali vivono anche quando sono divergenti dalle storie generali e apprendano conoscenze di qualità che li mettano in condizione di essere critici con gli usi politici del passato: ad esempio, è conveniente che studenti veneti conoscano i capisaldi della storia della Repubblica di Venezia e la struttura dello stato e della società in modo da rendersi conto che Venezia era la dominante e le province di Terraferma erano suddite e che prevaleva un regime particolaristico. Oppure che uno studente della Sicilia conosca i periodi della storia dell'isola e che consideri i tempi del dominio musulmano come parte di tutta la storia dell'isola e dell'Italia alla stregua di quella del dominio dei Normanni e poi di Federico II[10]. O che nelle scuole dell'Italia centrale si impari che il proprio territorio ha fatto parte dello Stato pontificio ed è stato implicato nei processi che traevano impulso dalla curia pontificia. Oppure che un cittadino del Mantovano metta in relazione il patrimonio culturale della città e del contado con il principato dei Gonzaga. Gli ultimi sono esempi che riguardano l'età moderna (la più ignorata e incompresa dagli studenti) ma si possono facilmente estendere sia alle altre regioni sia agli altri periodi della storia d'Italia. È importante che scatti la consapevolezza che la storia a scala locale riguarda quel determinato territorio, ma è anche parte della storia d'Italia.

L'apprendimento di conoscenze tematizzate a scala locale potrebbe essere messo a fondamento di confronti che impegnino lo

---

[10] A. Feniello, *Sotto il segno del leone. Storia dell'Italia musulmana*, Laterza, Bari, 2011. È disponibile anche l'edizione digitale. Ma sull'argomento anche durante il fascismo si pubblicò R.Cantalupo, *L' Italia Musulmana*, Casa Editrice Italia D'oltremare, Roma, 1932.

spirito critico nella comprensione delle differenze tra le strutture e i processi che hanno caratterizzato le storie di varie parti dell'Italia. Un esempio limpido che potrebbe essere trasposto agevolmente nell'insegnamento è la comparazione che Romano sviluppa tra strutture feudali dell'Italia settentrionale e di quella meridionale[11]. Numerosi aspetti e processi possono essere fatti oggetto di comparazioni allo scopo di far comprendere le differenze e le analogie tra le varie regioni italiane. Queste attività potrebbero essere messe a fondamento di problematizzazioni rispetto alle quali gli studenti delle scuole secondarie superiori potrebbero analizzare le differenze di spiegazioni che si trovano in diverse interpretazioni storiografiche.

Storie d'Italia e cittadinanza

Possiamo tornare ora al problema formulato all'inizio: come rendere possibile agli studenti uscire dalla scuola ricchi di conoscenze significative sul passato dell'Italia e combinate in modo da costruire una visione sistemica della sua storia. Si tratta di un obiettivo ineludibile se si vuole che i cittadini possano usare le abilità e le conoscenze storiche da cittadini competenti.

La nazione postunitaria si è costituita grazie alla istruzione che ha diffuso l'uso della lingua italiana, alle uniformità amministrative e legislative, alle emigrazioni interne, alla partecipazione alle guerre, alla forza dei miti alimentati dalla retorica ideologica e politica, alla Resistenza e alla costituzione della Repubblica, alle trasmissioni radiofoniche e televisive, alle vittorie della Nazionale di calcio. Fino agli anni 80 del '900 l'insegnamento della storia ha fatto la sua parte cercando di inculcare l'ammirazione per gli eroi del Risorgimento, per la casa Savoia, per il passato glorioso meno recente, il disdegno per l'oppressione subita dagli italiani. La storia

---

[11] R. Romano, "Italia feudale", in *Paese Italia. Venti secoli di identità*, Carocci, Roma, 1997, pp. 37-56.

d'Italia insegnata nelle scuole italiane, specie elementari, è stata impostata in modo da diffondere la visione che i miti risorgimentali avevano prodotto[12]. A programmi e a riflessioni e istruzioni didattiche di qualche dignità di pensiero sulla storia ha sempre corrisposto l'inadeguatezza della formazione culturale degli insegnanti e la insulsaggine delle rappresentazioni storiche elaborate nei libri di testo dei gradi inferiori d'istruzione. Dunque, gli italiani non hanno appreso le storie d'Italia in modo adeguato e critico. Sono stati formati non come cittadini ma come sudditi devoti alla patria e a chi la governava. È tempo che essi alimentino il sentimento di appartenenza alla comunità nazionale e la prospettiva di inserirsi in essa come cittadini consapevoli e attivi grazie a conoscenze riguardanti il passato dell'Italia trasposte per l'insegnamento dalla valida storiografia elaborata da storici italiani e stranieri dopo il secondo dopoguerra.

Possiamo imparare a ragionare su questa prospettiva dal grande storico ed epistemologo del sec. XIX: Johan Gustav Droysen. La profondità del suo pensiero è manifestata nel modo originale di analizzare le molteplici forme della scrittura della storia e di trattare –unico degli storici epistemologi– le questioni relative all'esposizione didattica della storia. Lo seguiamo estrapolando alcuni dei suoi lucidi argomenti a proposito della storia generale (o universale). Il primo esclude che la storia da insegnare debba additare modelli da imitare o possa servire ad evitare gli errori del passato:

«E davvero ogni scolaro deve prendere a modello i grandi eroi e statisti, per emularli? Lo scopo della storia non può essere né fornire modelli per l'imitazione né regole tali da poter essere applicate nuovamente»[13].

---

[12] A. Ascenzi, *Tra educazione etico-civile e costruzione dell'identità nazionale. L'insegnamento della storia nelle scuole italiane dell'Ottocento*, Vita e Pensiero, Milano, 2004. S. Guarracino, *Guida alla prima storia. Per insegnanti della scuola elementare*, Editori Riuniti, Roma, 1987.

[13] J.G. Droysen, *Istorica. Lezioni di enciclopedia e metodologia della storia* (1857), traduzione e cura di S. Caianiello, Guida, Napoli, 2003, p. 373.

Altri argomenti rivendicano le condizioni per la comprensione del presente alla messa in rapporto del presente col passato e alla cultura storica fondata sulle conoscenze delle configurazioni storiche nella globalità dei loro aspetti:

« *Dunque, un qual certo secondo risultato della nostra scienza è la comprensione dei secoli vissuti, una comprensione che è tanto più profonda quanto più sicuramente e profondamente noi cogliamo il suo risultato, il presente nel suo tendere oltre. [...] chi ha acquisito una cultura storica ha una comprensione del suo presente tanto più profonda quanto più profondamente conosce il suo essere divenuto; la sua comprensione sarà tanto più ampia quando non conosca e riconosca solo questa o quella sfera delle configurazioni storiche, bensì tutte nella loro connessione, nella loro reciprocità, nel loro progredire da ogni lato incessante*»[14].

Ed è la storia generale sistemica che può assicurare questi risultati:

«*Si può vedere come il momento didattico nella storia [Historie] sia immediatamente connesso con la concezione storico-universale; perché solo con questa considerazione sintetizzante, con il pensiero dell'educazione del genere umano, gli stadi vissuti nella storia acquistano il loro significato, ed ogni presente il diritto di stabilire il proprio rapporto con il vissuto e di considerarsi la prosecuzione di esso. E viceversa: dall'interesse didattico sorge l'esigenza di questa formulazione storico-universale, in essa soltanto la scienza storica si giustifica come tale; poiché solo qui essa giunge interamente a se stessa, qui essa si completa nella totalità che le viene generalmente accordata*»[15].

E per la storia generale Droysen pensa –giustamente– che la forma discorsiva adatta non sia la narrazione:

«*No, abbiamo bisogno di una forma espositiva nella quale la narrazione non sia il fatto principale. [...]La narrazione di una vita, di una storia di uno Stato, di una rivoluzione dev'essere un intero in sé concluso, deve per così dire apparire sciolto dalla ricchezza della storia generale;*

---

[14] *Ibidem*, pp. 387-388.
[15] *Ibidem*, p. 375.

qui accade il contrario}: ciascun singolo, quale che sia la sua ampiezza, ha valore solo nell'intero e per l'intero}.
Ne deriva un punto di vista dell'esposizione di genere del tutto diverso. Nella narrazione lo si ritrovava o all'interno dell'orizzonte di una personalità, o nella particolarità di una configurazione storica che si determina nel divenire (Stato), o nel pensiero che, partendo da enormi conflitti, si fa strada nella realtà. Qui, invece, il punto di vista non si trova più al livello delle realtà esposte, perché il materiale di questa esposizione non sono le realtà, bensì i pensieri delle realtà»[16].

Dunque, sono le conoscenze di storia generale messe in sistema che possono garantire il risultato di apprendimenti da investire nelle attività connesse con l'esercizio della cittadinanza:

«Esse (cioè, le configurazioni storiche) tuttavia procedono incessantemente oltre, e se la vita teoretica può accontentarsi di osservare e constatare questo procedere, –nella vita pratica tutto si basa sul {l'entrare e partecipare agendo in questo movimento, e per poterlo fare nel modo giusto,} conoscere questo movimento, prevederlo, valutarlo e utilizzarlo–. La forma della cultura così illustrata ci dà la possibilità di valutare {in che modo, in che direzione}, come si debba procedere oltre, come si debba scegliere e decidere in casi dubbi»[17].

La storia generale d'Italia può assumere le forme e la sistematicità conformi al pensiero profondo di Droysen. Ma possiamo trarre ispirazione per impostarla pragmaticamente anche dai criteri che lo storico italiano Ignazio Cantù proponeva nel 1862 agli autori di libri di testo e ai maestri per pensare e insegnare la storia d'Italia:

«1° Abbracciar tutti i periodi della nazione, e mettere d'accordo ì loro tempi cogli occhi della civiltà presente. 2° I fatti delle diverse epoche raggrupparli in gran quadri che dieno ad esse i loro lineamenti speciali. 3° Dall'assieme far emergere che ogni epoca aggiunse alla civiltà qualche linea di progresso. 4°. Alla narrazione della vita politica e bellicosa unir quella della vita casalinga, industriale e morale della nazione. 5° Al ricordo degli uomini grandi accoppiare quello degli uomini utili. 6° Rimuover tutto quanto tendesse a tener vive le antipatie municipali de' nostri

---

[16] *Ibidem*, pp. 371 e 376.
[17] *Ibidem*, p. 388.

maggiori. 7°. Esponendo del pari le buone e le perverse azioni col giudizio di esse, correggere i pregiudizi e formar il cuore e il criterio dell'opinione. 8°. Accoppiare alla storia il sussidio della geografia per innestare meglio i fatti sul terreno della loro azione».

Ed anche Cantù assegnava alla storia da lui immaginata il potere di educare il buon cittadino:

«Fatta in tal modo la storia [...], avrà l'agio lo storico di mostrare che il bene si opera lentamente, che alle grandi conclusioni si arriva colla moderazione e colla tolleranza; che la prudenza civile prima de' tentativi apparecchia i mezzi misurati a l'estensione del desiderio e del bisogno, che è chimera fatale il pretendere con insufficienti mezzi e con poco tempo di cangiar di sotto in su le condizioni d'uno Stato; che al disopra d'ogni individuale volontà sta l'ossequio alla legge»[18].

Cantù aveva scritto nel 1861 *Storia d'Italia ne' suoi patimenti e nelle sue glorie, raccontata ad uso delle Scuole e del Popolo*: l'evocazione dei patimenti e delle glorie mi fa pensare che i criteri da lui proposti l'anno dopo fossero interpretati con idee diverse da quelle che possiamo concepire noi dopo 150 anni, ma le sue formule restano suggestive e indicano un programma di lavoro che potrebbe funzionare efficacemente per impostare l'insegnamento delle storie d'Italia in modo sistemico. Le domande a cui essa dovrebbe rispondere sono formulabili così: "Come era e come è mutato lo spazio italiano abitato da molteplici collettività? Come erano e come sono mutate le collettività che interagivano nello stesso spazio?" A tali domande la storia generale può rispondere con un'addizione di storie generali "locali" e/o settoriali oppure con visioni di insieme che abbracciano e rendono conto non delle singole parti ma dell'intero spazio. La visione d'insieme è una metafora che può valere per

---

[18] "Metodo d'una storia nazionale per le scuole e pel popolo. Memoria letta il 24 agosto 1862 all'Associazione Pedagogica", in *L'Educatore italiano. Giornale dell'Istituto di Mutuo soccorso fra gl'istruttori ed educatori d'Italia*, citato da Ascenzi, *Tra educazione etico-civile e costruzione dell'identità nazionale*, cit., pp. 64-65. Ignazio Cantù fu uno storico fecondo e poligrafo (scrisse anche guide turistiche di Milano).

la osservazione di una rappresentazione di uno spazio in dato momento (come quando osserviamo una carta geografica sincronica) oppure per la rappresentazione sintetica di tutto un periodo (in questo caso la visione riguarda le trasformazioni e i processi che possiamo sintetizzare mentalmente).

La soluzione "visione d'insieme" è la più efficace. Purtroppo non è praticata nelle storie generali scolastiche, perciò gli insegnanti dovrebbero ingegnarsi a produrla con gli alunni.

L'apprendimento di conoscenze combinate in sistema permetterebbe ai cittadini di problematizzare e spiegare aspetti e processi, altrimenti incomprensibili senza tener conto delle influenze reciproche. Far concepire il territorio italiano come un campo di forze in cui i gruppi umani, i popoli, gli enti statuali e amministrativi interferiscono tra di loro e danno impulso ai mutamenti o consolidano permanenze che hanno una qualche relazione con l'Italia attuale: questo dovrebbe essere il compito dell'insegnamento delle storie d'Italia. L'apprendimento conseguente potrebbe formare abilità e conoscenze fondamentali nell'esercizio delle competenze di cittadinanza: abilità a confrontare situazioni e a problematizzare le differenze e le analogie, a stabilire relazioni tra presente e passato, disposizione a fruire del patrimonio culturale e a valorizzarlo, attitudine critica verso gli usi politici del passato, interesse ad incrementare le conoscenze sul passato dell'Italia.

Insegnare le storie d'Italia con tali prospettive non sarebbe un eccellente modo di onorare il 150° dell'unità?

Gli autori

Germana Brioni, già insegnante nella scuola secondaria di primo grado, è socio fondatore di Clio '92, si occupa di ricerca e sperimentazione storica e di didattica museale; conduce interventi formativi per gli insegnanti. È coautrice del sussidiario "Poster" per l'editrice Giunti. Produce, in collaborazione con colleghi ricercatori, testi di storia per l'editoria scolastica.

Mario Calidoni, già insegnante e ispettore tecnico del MIUR per la scuola secondaria di I grado, è membro esperto della Commissione "educazione e mediazione" di ICOM Italia. Autore di pubblicazioni di carattere didattico, coordina progetti in partenariato per l'educazione al patrimonio e cura pubblicazioni didattiche e divulgative sul patrimonio del territorio. Con FrancoAngeli editore ha pubblicato: Mario Calidoni, *Insegnare con i concetti Arte e Immagine*, 2007; A. Bortolotti, M. Calidoni, S. Mascheroni, I. Mattozzi, *Per l'educazione al patrimonio culturale, 22 tesi*, 2008.

Luciana Coltri è maestra, supervisore a tempo parziale presso l'Università degli Studi di Padova, corso di laurea in Scienze della Formazione Primaria, per la quale conduce laboratori di geografia e didattica interculturale. Formatrice e ricercatrice in percorsi di didattica della Storia per l'Associazione Clio '92. Esperta in didattica dei quadri di civiltà e copioni, su questo argomento ha pubblicato studi e contributi. Collabora con riviste scolastiche sia per la scuola dell'infanzia che per la scuola primaria. È stata coautrice del sussidiario "Poster" vol. 4 e 5. (Ed Giunti, 2007).

Vincenzo Guanci fa parte della segreteria nazionale di Clio '92. Associazione di insegnanti e ricercatori sulla didattica della storia. Ha insegnato Storia e ricoperto il ruolo di dirigente scolastico nella scuola secondaria di II grado. Ha curato, assieme a Carla Santini, il volume *Capire il Novecento*, (FrancoAngeli, Milano, 2008). Svolge attività di ricerca e aggiornamento sulla didattica della storia.

Paola Lotti è insegnante di Materie Letterarie presso l'ITSCT "L. Einaudi" di Padova, nell'indirizzo sperimentale turistico. Si occupa nella scuola di sperimentazione e innovazione didattica per storia e lingua e letteratura italiana anche con l'ausilio di nuove tecnologie (LIM e piattaforma Moodle), di innovazione dei curricoli a seguito della riforma e dei profili in uscita per il primo e il secondo biennio dei tecnici. Formatrice per la didattica delle competenze per le quali ha pubblicato in formato elettronico UDA e prove esperte. Fa parte da molti anni dell'Associazione di docenti ricercatori Clio '92 all'interno della quale ha collaborato in gruppi di ricerca sulla storia mondiale e sul curricolo di storia delle superiori.

Ivo Mattozzi, già docente nella Università di Bologna, insegna ora nel master di Comunicazione storica della stessa Università e nel corso di laurea in Scienze della formazione primaria presso la Libera Università di Bolzano. Presidente di "Clio '92. Associazione di insegnanti e ricercatori in didattica della storia".

Ernesto Perillo, già insegnante di italiano e storia negli istituti secondari superiori, ha svolto attività di ricerca presso l'Irrsae/Irre del Veneto. Attualmente è componente del Consiglio Direttivo e della Segreteriadell'Associazione di insegnanti e ricercatori sulla didattica della storia Clio '92. Per la FrancoAngeli ha curato nel 2004 con G. Luzzatto Voghera il volume *Pensare e insegnare Auschwitz*, e nel 2010, *Storie plurali. Insegnare la storia in prospettiva interculturale*.

Maria Teresa Rabitti è docente di Didattica della storia presso la Facoltà di Scienze della formazione della Libera Università di Bolzano. Ha insegnato nella SSIS della stessa Facoltà. Ha collaborato con l'Istituto Pedagogico di Bolzano per attività di aggiornamento di insegnanti e per la produzione di unità di insegnamento e di apprendimento. È componente del Direttivo e della Segreteria di Clio '92. Associazione di insegnanti e ricercatori in didattica della storia. Ha scritto numerosi saggi tra i quali i più recenti *Descrivere le civiltà* (Junior, Bergamo, 2008) e "Insegnare storia per competenze", in *Apprendere per competenze* (Junior, Bergamo, 2011). Ha curato pubblicazioni sul curricolo di storia e sull'insegnamento della storia generale con le edizioni FrancoAngeli.

Maria Catia Sampaolesi è docente di Lettere presso l'Istituto Comprensivo "Paolo Soprani" di Castelfidardo (AN). Dal 1998 organizza e coordina le attività di aggiornamento e sperimentazione nell'ambito del rinnovamento della didattica della storia, proposte alla rete di scuole di cui il proprio istituto è capofila; cura inoltre la produzione e diffusione di materiali didattici. È componente della rete regionale "Le Marche fanno storie" e dell'Associazione Clio '92.

© Associazione Clio '92 - agosto2017
© Mnamon - agosto2017
ISBN 9788869491917

www.ingramcontent.com/pod-product-compliance
Lightning Source LLC
Chambersburg PA
CBHW032226080426
42735CB00008B/736